父母不焦慮，孩子好教養

醫師媽媽教你穩住自己，讀懂孩子的眞心話

SAWA醫師——著
陳聖怡——譯

子どもが本当に思っていること

請鼓起勇氣面對孩子真實的想法

每位家長的教養煩惱不盡相同。

有些父母會過度保護，總是走在孩子前方，以免他們遭遇失敗。

有些父母愛操心，對於教養沒有自信，因為不知道該如何對待孩子而整天提心吊膽。

有些父母愛管閒事，始終無法信任孩子，總會忍不住插嘴干涉。

有些父母雖然感到不安，卻又不敢找人商量，獨自面對教養上的種種問題。

還有些父母完全不覺得自己的孩子可愛，不知道該怎麼跟他們相處……

身為兒童精神科醫師與身心科診所的院長，我平常所接觸的患者從五歲以上的孩童到大人都有；而來到診所的家長們都有個共同點，就是**「全心全意為孩子**

著想」。

我想各位也一樣，帶著「為了孩子好」的信念，一路努力過來。

但實際上，**這種做法或是會導致親子關係惡化，或是讓孩子失去自信，反而讓他們難以獨立自主。**

明明是「為了孩子好」，卻在不知不覺中導致親子關係惡化，未免也太令人難過了吧。

因此，我們應該先有一項認知：要是以錯誤的方式對待孩子，久而久之就會養出更多「不知道活著有什麼意義」、「好想消失」的孩子。

一切從「明白」和「察覺」開始

現在正在養育孩子的各位，如果你認為教養之路真的非常辛苦，也遭遇許多困難，卻又希望能跟孩子一起幸福生活的話，請務必鼓起勇氣讀完本書。

因為，這是一本**「讓父母了解孩子心聲的書」**。

我想告訴各位家長「孩子事實上是怎麼想的」，希望能幫助各位改變對待子女的方式，安心、放心地養育他們。

只是，每當我這麼說，就會有父母覺得「完了，我的教養方法不對」或「已經來不及了」，並感到自責。

事實上，重點在於**「明白」並「察覺」**本書所寫的內容。

「未知」會讓我們感到不安，人皆如此。不論什麼事，只要了解它、有意識地去思考，就會知道什麼才是適當的處理方法。

而且我認為，如果父母能對孩子懷有「不論你是什麼樣子都很好」的信任感，就不容易養出覺得「活著好痛苦」的孩子。

身為家有拒學兒的單親媽媽

別看我講得一副胸有成竹的樣子，事實上我也曾為教養傷透腦筋。

我是一位診療兒童身心問題的精神科醫師，同時也是一名單親媽媽，育有十歲與八歲的兩名女兒，大女兒則有發展障礙與拒學的情況。

我仍是個不夠成熟的母親，老實說，我也曾懷疑：自己真的有資格寫這本書嗎？

不過，正因為我有許多相關經驗，才能寫出有別於空泛理論的教養之道，並讓我提筆寫作；而書裡也寫出自己許多羞於見人的經歷。

我透過自己的教養經驗體會到一件事。

那就是「**別再為了孩子過度操煩。孩子並不想讓父母擔心，也都希望父母能擁有笑容和幸福**」。

不完美也沒關係

當你為孩子的事情煩惱時，首先最重要的，是分辨問題歸屬。這時，不妨換個角度思考看看：**「在什麼範圍內，是身為家長的你要處理的問題？在什麼範圍內，是孩子自己要解決的問題？」**從這個觀點來分辨，應該就能察覺哪些事情是「自己的問題」。

哪些部分是家長自身的焦慮？哪些部分是孩子真正的煩惱或問題？或者有可能根本不是問題？我經常透過這種方式，幫助前來就診的親子以客觀的角度審視自己所面對的狀況，必要時再介入治療。這就是我身為兒童精神科醫師的職責。

不完美也沒關係。

偶爾感到不安也沒關係。

希望這本書能幫助所有家長和孩子包容彼此的不完美，獲得安穩的生活。

也希望各位在讀完本書後，多少能放下心裡的重擔。

第1章　爸媽，我想要安全感

第2章 爸媽，我不希望你們生氣

第3章 爸媽，我想要自立

第 4 章

爸媽，請你們信任我

孩子的心聲 24
你們是不是覺得「反正我什麼都不會」？……120
▼先停止自認為對孩子好的舉動，並思考該行為真正的意義

孩子的心聲 25
請認真看著我、聽我說、相信我……124
▼只要好好看著孩子，陪在他們身邊就好。看似簡單，卻很難做到

孩子的心聲 26
請在一旁守護我就好，不要指手畫腳……128
▼對孩子保持信心。即使只是默默陪伴，也能傳達自己的心意

孩子的心聲 27
既然爸媽說「有意見就講」，那就讓我說啊！……131
▼沒有傾聽的意願，孩子就不會主動開口

孩子的心聲 28
讓我自己去試試看……133
▼讓孩子親自嘗試，才能從失敗中學習

孩子的心聲 29
結果不如預期的話，該怎麼辦？……137
▼改變視角，就能找到重新挑戰的機會

第5章 爸媽，能不能請你們放手？

第6章 爸媽，請你們接納我

第 1 章

爸媽，我想要安全感

孩子的心聲 01

爸媽，你們為什麼這麼著急？

總是忍不住插嘴的沒耐心媽媽

某天，一位拒學的九年級女生跟著媽媽來到我的診所。

我在診間裡對那孩子提問，她卻露出有點複雜的表情，一動也不動。

「最近學校的情況還好嗎？」

那孩子剛剛走進診間時，臉上表情十分僵硬，顯然很緊張。

儘管對她提問，但她似乎無法確定自己的回答是否會惹母親生氣，於是偷偷瞄了母親一眼，結果依然沉默不語。

診間裡持續了大約四、五秒的沉默，就在她看似要開口時，母親用有點強勢的口吻搶了話。

「你有一陣子沒去上學了對吧！」

明明只要再多等一下，孩子就會主動開口了，但是像這樣忍不住插嘴的家長其實不在少數。

在診間裡，當我想跟孩子說話時，往往會故意不看向家長，只與孩子四目相對，而且動作會明顯到其他人都看得出來的程度。

我希望來到診間的孩子能明白，他們眼前的醫師「想聽你說話」。

然而，我連正眼都沒給過的家長卻經常代替孩子回答。這樣的家長絕大部分都有過度干涉和操心過頭的傾向。

因為他們無法耐心等待孩子回答。

兒童精神科醫師在意的是什麼？

不論是誰，來到精神科診間都會緊張，尤其是第一次看診，出現五秒或十秒的沉默是很正常的，有時甚至會長達三十秒。

從精神科醫師的角度來看，患者的**「沉默」其實是非常重要的**。因為患者需要多少時間思考並表達出來，是憂鬱症診斷時的一大重點。除此之外，**沉默也能讓對方明白我想給予的訊息：「我會等到你願意回答為止。在這個安全的地方，你可以放心地暢所欲言」**。

因此，我不會因為患者不發一語而傷腦筋，只要在看診時間容許的範圍內，我都會等對方主動開口。

但不知道是陪同的家長無法忍受沉默，還是覺得「不能讓醫生等太久」，常會急著解釋「這孩子個性就是這樣，才會遇到這種事」。

事實上，我對於觀察親子之間的距離感一直很有興趣。

有的孩子害羞到無法自己回答，會偷偷對家長耳語；也有孩子會對父母表現出不耐煩的態度。

並不是一定要有什麼反應才是對的，我只是會默默觀察親子之間的距離感和氛圍，並記在病歷上，做為日後看診的參考。

其中也有些孩子會明顯表露出畏懼父母的樣子。

眼前這位九年級女生也一樣。

她們母女之間散發出一股難以言喻的緊繃感。

我很難解釋這是什麼感覺，如果要用一個詞彙形容那位母親，我想應該是非常「端正」吧。

就連我，在她面前都不禁抬頭挺胸，緊張到似乎要冒汗了。

不論用字遣詞或態度，那位母親絕不負「彬彬有禮」這四個字，也會不時露出微笑，但總讓我覺得有點可怕。

一想到那孩子每天都要承受我當下感受到的緊張……我想她身邊應該沒有能讓自己真正放鬆的地方，說不定每天都活得很辛苦。

我完全無法想像那孩子在家安心生活的模樣。

有「安全感」，才能聽見孩子的心聲

我曾為了能在看診時好好聽孩子說話，先請家長留在候診室，以便與孩子單獨對談。

根據後來我從孩子那裡聽到的說法，雖然爸媽嘴上說「不去學校也沒關係」，卻又會因為他不去學校而生氣，讓他很難受。

當然，親子之間的氛圍無法用數值測量，就算在同一位母親面前，也不是每個人都會像我一樣覺得緊張。

就算同樣是精神科醫師，其他醫師的感受也可能跟我不一樣。

但無論如何，要是孩子經常感到緊張和不安，就不會表現出他原本的個性，導致學校生活和家庭生活出現各種偏差。

父母的態度、說話的方式、家裡的氣氛，對孩子精神狀態帶來的影響往往比父母想像中更大。

要是忽略這一點或置之不理，可能會使孩子的內在狀態惡化，甚至成為引發精神疾病的原因。

當然，我並沒有想告訴家長們「要笑口常開」。

家長應該也為孩子的事情煩惱了很久，難受了很久。

因為不知道該怎麼辦，於是著急慌亂。我能理解懷著這種心思來到診間的家長有多痛苦。

然而孩子對家長的情緒是很敏感的，**當父母著急、難受時，孩子感受到的著急與難受將會加倍。**

希望各位家長明白，父母所給予的安全感，將對孩子帶來莫大的影響。

醫師媽媽
的叮嚀

請讓家成為能讓孩子覺得安心的地方

孩子的心聲 02

只要看到媽媽的笑容，就覺得很開心

母親與孩子互為表裡

這本書雖然同時寫給父母雙方，但我會更聚焦於母親（儘管我不太會在文字上特別指出是給父親或母親讀的）。

因為父親和母親對待孩子的方式有很大的差別。

一般來說，母親面對孩子的時間不但更長，連結也更緊密。如果拿前來就診的親子檔為例，比起父親，我更能感受到母親與孩子互為表裡的這一面。

要是母親嚴重缺乏安全感，孩子也很容易不安；要是母親過度敏感，孩子也會出現類似強迫症的狀態，不斷重複相同的舉動。

相反的，母親若是表現得落落大方，孩子多半也少有焦慮症或強迫症。

說不定有人會反駁：「又不是只有媽媽在帶孩子。」、「連醫師也想把責任都推給母親嗎？」

當然，和過去相比，現在有越來越多男性會帶孩子，這一點我很清楚。

但會分泌母乳的畢竟只有母親；母親與孩子之間形成的依附（與父母或主要照顧者之間產生的情感連結），也往往比父親與孩子之間更深刻。

因此，**母親以什麼心情和什麼方式對待孩子，將對孩子帶來更大的影響**。

確實有些孩子因父親的暴力和辱罵而痛苦，我也有話想告訴當爸爸的人，不過本書還是會更偏向寫給母親一點。

現在的職業婦女越來越多了。

要同時兼顧工作和家庭，真的非常辛苦。

我也是兩個孩子的媽，很能體會這種心情，教養本身就是一項極費心力與勞力的工作。

我在急診室擔任住院醫師時，孩子都還很小。又要忙病人，又要忙孩子，應該是我這輩子覺得最辛苦的時候吧。

父母和親戚也會嘮叨：「（身為母親）你沒做〇〇好嗎？」、「你不這樣做可以嗎？」我也曾因此導致精神崩潰。

這些「批評指教」一旦變多，往往讓人痛苦萬分，一個不小心，臉上就會失去笑容；不，是想笑都笑不出來。

這種時候請各位記得，**父母的心態會對孩子的心靈造成莫大影響**。

醫師媽媽的叮嚀

孩子若能與父母建立穩定的依附，就能長成內在穩定的大人

孩子的心聲 03

不要隨便說「不用擔心」

隨口說出的「不用擔心」只會強化孩子的不安

當我們想安撫別人時，常會用「不用擔心」這個詞。然而站在精神科醫師的立場，我希望大家能稍微留意一下這個詞。尤其是面對有嚴重焦慮的孩子，在毫無根據和證據的情況下，最好不要隨口說出「不用擔心」。

比方說，有些孩子會因為「家裡可能會遭小偷」而擔心到睡不著。這種時候，家長往往會為了安撫孩子脫口而出：「不用擔心啦！不會有小偷進來啦！」

但沒有人能百分之百保證小偷不會闖進家裡，因此孩子會覺得：「你又沒辦法保證真的沒事，為什麼還能說『不用擔心』呢？」無法接受父母的說法。

有些孩子會過度在意自己的手部清潔，沾染細菌和病毒的可能性讓他極度恐懼和不安，導致他不斷洗手；但不管洗幾次，還是覺得手很髒。甚至有孩子滿腦子都想著手上沾到細菌和病毒後，會蔓延至全身、奪走性命，導致日常生活處處受限，最後被診斷出患有強迫症。

這樣的孩子會透過洗手來緩解對細菌的恐懼。然而當身邊的人告訴他「不用擔心啦，你又沒沾到細菌」或「不必洗那麼多次也可以」時，他又會覺得「又不是真正的無菌狀態，怎麼有辦法這麼說」，覺得沒有人了解自己的心情，反而更加焦慮。

還有家長會一派輕鬆地告訴孩子：「你剛剛洗過手了，不用擔心啦。」

但這種說法很可能會強化孩子利用洗手暫時緩解焦慮的意識，讓孩子更執著於洗手這個行為。

事實上，就算洗過手，也不可能清除所有細菌，只要觸碰到其他物品，必然會沾附某些細菌。

因此，**隨口對孩子說「不用擔心」，不僅達不到安撫的作用，反而會讓他變得更焦慮不安。**

順道一提，讓患者在焦慮中忍著不洗手，漸漸接受「不管洗幾次手，還是會沾到細菌，但不會因為這樣就死掉」的事實，是一種名為「暴露療法」的認知行為療法。

我認為，**不隨意使用「不用擔心」來安撫孩子，而是支持他做出能讓他自己覺得「沒問題」的行為，其實更重要。**

因此，像是「不用擔心啦，你太敏感了」等不重視孩子感受的話，並不妥當。

有些嚴重焦慮的孩子會不斷擴大令自己焦慮的情境，例如會想著「要是明天發生大地震的話該怎麼辦」、「要是明天地球滅亡的話該怎麼辦」，結果擔心到睡不著。

要是對這樣的孩子說「不用擔心啦，才不會發生那麼大的地震」、「地球才不可能會滅亡」，只會適得其反。

在診間遇到這樣的孩子時，我會先附和對方「確實，不是完全沒有發生大地震的可能」，接著再說：

「不過，我覺得發生的機率很低。萬一真的發生大地震，爸爸媽媽也已經跟學校說好，一定會去接你，你可以不用那這麼煩惱。」

我們可以依據事實來告訴孩子「不用擔心」，但千萬不要為大地震這種不確定的事妄下定論，輕忽孩子內心的不安。

問問孩子：「你想怎麼做？」

無論如何，當孩子感到害怕時，不要隨口用「不用擔心啦」來安撫，而是先貼近並同理他的感受：「你很害怕，對吧？」

當然，每個人的感受不同，就算是父母，也不一定能完全理解嚴重焦慮的孩子是什麼心情。

但表現出試圖理解對方的姿態很重要。

接著，請問問孩子：「有沒有什麼是爸爸媽媽能做的？」藉此了解他的需求。

看診時，經常有家長問我：「那我該怎麼辦？」我都會回答：「這個問題，應該要問你的孩子。」

問問孩子：「爸媽能做什麼，好讓你輕鬆一點嗎？」如果孩子願意說出自己的需求，請盡可能滿足他。

即使孩子回答「沒事」（或「不用幫我做任何事」），也請告訴他「爸爸／媽媽就在這裡，有什麼煩惱的話，隨時可以跟我說」，**默默守護在他身旁**。

為人父母，常忍不住在孩子過度焦慮的時候安慰他：「不用擔心啦！」但是拜託大家，一定要忍住，轉而以溫和的方式告訴他：「爸爸／媽媽就在你身邊，不管你發生了什麼事，我都會幫你。」

醫師媽媽的叮嚀

請同理嚴重焦慮的孩子：「你很害怕，對吧？」

孩子的心聲 04

怎麼跟剛剛說的不一樣？

讓孩子對父母失去信任的雙束訊息

孩子對大人的謊言十分敏感。

例如爸媽常對孩子說：「有什麼不懂的就來問我。」但是當孩子真的去請教父母時，卻常常得到這樣的回應：「連這種事都不知道？自己好好想一想！」又比如家長常說：「快點寫功課，寫完才能出去玩。」可是當孩子迅速寫完功課後，反而挨罵：「怎麼錯這麼多？你根本是亂寫一通吧！」

再比如父母會說：「老實跟我說你到底做了什麼，我保證不生氣。」但是當孩子承認自己出手打了朋友時，卻慘遭一頓痛罵。

這些話語稱為「雙束訊息」（double bind message），意指溝通訊息中，同時含有兩個彼此對立的訊息，令訊息接收者無所適從。放在親子溝通的情境裡，就是父母雖無意撒謊，但最初所說的話，卻與最後對孩子做出的言行互相矛盾。

許多父母會下意識這麼做，孩子則能敏銳地察覺這些矛盾。

受到「快點寫功課」和「很快寫完卻挨罵」這兩件互相矛盾的事情束縛，使得孩子感到困惑，覺得「不管我做什麼都不對」。

如果一開始就對孩子說「快點寫功課」，那麼當孩子真的做到時，必須先肯定孩子快速寫完功課的行為。

若是不肯定孩子的行為，還加碼提出其他要求，會讓孩子在心理上感到困惑、無法信任父母，甚至無法培養自信。

如果告訴孩子「只要老實說，爸媽保證不會生氣」，就千萬不能生氣，而且要肯定孩子誠實的行為。

追根究柢，**如果父母不希望孩子撒謊，就要主動把家裡打造成「能暢所欲言」、讓孩子覺得放心的場所。**

除此之外，有些家長會因為愛面子，而說出前後矛盾的話。

比方說，有的媽媽會在其他母親面前說：「我家孩子絕對考不上○○學校的啦！」然而一回到家，卻又告訴孩子「要是能考上○○學校的話，將來就不怕找不到好工作，也能拿高薪了」，逼迫孩子讀書。

也有不少家長因為在意外人的眼光，而在外頭說些言不由衷的話。

這種做法，會導致自己在孩子面前變成一個前後不一、言行舉止滿是漏洞和矛盾的父母。

即使父母並不覺得自己在撒謊，但如果自己會在孩子的行為不符預期時對他們生氣，應該先花一點時間，思考自己的言行舉止是否有矛盾。

孩子的觀察力其實比我們以為的更敏銳，更能察知大人真正的想法。

醫師媽媽的叮嚀

父母前後矛盾的言行，會讓孩子感到困惑

孩子的心聲 05

「你就是這樣才交不到朋友吧？」

父母「製造恐慌的話語」，會對孩子造成不良影響

前面曾提到，打造能讓孩子真正感到放心的場所是很重要的一件事。從另一個角度來說，則是希望**父母不要因為「不放心」而試圖控制孩子**。

許多家長經常會對幼童說：

「你不乖的話，我就要把你丟在這裡喔！」

「你不〇〇的話，鬼（警察、很凶的阿伯或其他）會來抓你喔！」

事實上，會說「要把你丟在這裡」的家長，幾乎不會真的把孩子丟著就走；大人也知道，根本不會有鬼跑來抓小孩。

但是，感受性強、天真無邪的孩子並不了解這些」。

利用這種會製造恐慌的話語來控制孩子，只會讓孩子在不知不覺中逐漸累積心理負擔。而且，光是利用不安和恐懼來約束孩子，並不能讓他明白「為什麼不能這樣做」。

就算孩子漸漸長大，還是有不少家長會用「說謊會被警察抓走喔」、「說這種話會沒朋友喔」、「不努力念書，以後會變成沒用的大人」……之類的話語來煽動不安和恐懼，試圖控制孩子的行為。

也許是因為不少家長都是這樣被嚇大的，所以沒有多加思考，就對自己的孩子脫口說出同樣的話。

年紀越小的孩子，越覺得父母是無可替代的存在，因此利用製造恐慌來控制孩子，還算是十分有效的方法。但**長此以往，很可能會養出嚴重缺乏安全感的孩子。**

「製造恐慌的話語」會影響孩子的認知和行為

長年在父母恐嚇下長大的人，所受到的影響往往比我們以為的更深。

比方說，許多孩子都對父母這句無心的話語難以忘懷：「你要是……的話，就沒有人要跟你一起玩喔！」

一般而言，**人類大約在十歲左右開始進入青春期。從發展心理學的角度來看，青春期的孩子最在意的是「自己在社會中是怎樣的存在」、「自己在別人眼裡是怎樣的人」**。

「在意他人目光」是發展過程中再正常不過的現象。但從小就在「你就是因為這種個性，才會沒朋友」等話語中長大的人，一旦遇到不如意或挫折，往往傾向做出負面解讀，認為「因為我是這種人，所以才會沒朋友」。

各位家長，你是否曾對孩子說過「你再這樣下去，長大後會變成沒用的人」之類的話？

有些人的性格原本就偏內向、怕生或文靜，不擅長交朋友；每個人的行為和溝通方式也都會因性格和發展特徵而有所不同。

實際上，前來就診的孩子裡，有不少是在班上有點獨來獨往、找不到自己的容身之處，或是對溝通能力沒有自信的人。但就算在目前的班級裡交不到朋友，或是對自己的溝通能力沒有自信，也未必會一直這樣下去。

明明已經為人際溝通而煩惱了，要是父母還在一旁落井下石的話，更會讓孩子深信自己真的是沒用的人，甚至越來越抗拒建立人際關係。

父母在不經意間製造的恐慌，會對孩子未來的人生造成不良影響。

此外，**一個人若是長年受制於父母製造的恐慌，等到他自己成為父母後，也往往傾向於利用恐慌來控制孩子。**

如果你也會不經意地對孩子說出製造恐慌的話語，請先反思一下，看看自己「是否曾想藉由製造恐慌來控制孩子」，進而察覺自己過去的行為。只要這麼做，自己的言行舉止就會逐漸改變，對待孩子的方式也會有所不同。

有些父母會因為察覺自己過去的行為而感到不安，或是覺得虧欠孩子，但是請放心，**「察覺」就是最重要的一步**；只要有所覺察，就能改變行為。

教養方式隨時都能改正，所以也別忘了誇獎一下能察覺過失的自己喔。

醫師媽媽的叮嚀

別因為擔憂而控制孩子

孩子的心聲 06

我想得到更多認同

做自己就是最了不起的事

「你這麼笨，活著有什麼用？」

我剛成為精神科醫師時，曾遇過一位二十多歲的男性患者，一直被父親這樣批評，感到非常痛苦。

他的父母都是公務員，家裡也非常注重教育。姊姊考大學時，順利錄取了第一志願的國立大學；和姊姊相比，他只考上了用來避免落榜的備胎私立大學。

從小，父親就經常拿他跟姊姊比較，不斷用「你什麼都做不好」、「沒用的傢伙」等否定的話語責備他。

不只對兒子口出惡言，父親也常指責母親「都怪你，竟然養出這種孩子」，甚至曾痛罵妻子「給我滾出去」。

曾說「我不太清楚自己想做什麼……」的這名男子，最後因為工作上的一點小過失，選擇自我了斷。

這段經歷讓我十分悲痛。直到現在，我仍不時反思：當時的自己該怎麼對他說話、該用什麼治療方法才能幫助他？

不管是國立大學還是私立大學，或是不管有沒有念大學，都不會改變我們身而為人的價值。**做自己就是最了不起的事情**。

如果是能認同這個觀點的家庭，應該就不會發生這種悲劇了吧。

很多人若是成長在父母總是焦躁、沒耐心、對孩子嚴厲管教的家中，即使成人後，依然會覺得活著很痛苦。

此外，如果自己的存在始終未能獲得接納，長大後很可能只會用「考上頂尖大學」、「任職於知名企業」這些眼睛看得到的「名牌」來衡量自己的價值。

一旦沒有這些門面，或是像前面所說的這位男子一樣犯了點小錯，往往很難再振作起來。

幼兒期到青春期可說是奠定一個人「身而為人」的基礎時期，我希望凡是家中有孩子正處於這段時期的家長都能明白這一點。

最重要的是，要讓「家」成為能讓孩子感到安心的容身之處。

自覺與父母關係不佳的孩子，很可能會因此認為「自己不該活著」。不論是誰，一旦長大成人、出社會之後，想必會遇到更嚴峻的考驗，得到的肯定也必然比小時候要少。這種時候，若是沒有「安心」這個根基，那些原本就很少獲得父母接納的人更會覺得「我果然很沒用」。

希望父母們能牢記一件事：養育孩子，最重要的是給他們足夠的安全感；也就是營造一個讓孩子覺得願意聽**自己說話、了解自己的心情、能感覺安全、不會被排擠，而且就算犯了錯也能得到原諒的地方。**

在孩子還小的時候，最需要的正是這種能讓他們安心的場所。

醫師媽媽的叮嚀

請趁孩子還小時，給他們足夠的安全感

孩子的心聲 07

是我害爸媽吵架的嗎？

在嚴重焦慮的孩子面前，請輕聲細語

雙親感情失和，難免會讓孩子對自己的存在價值產生懷疑。當然，遭到父母暴力對待的孩子，很可能會因此產生各種心理問題；但就算不是直接對孩子動手，而是對配偶家暴，也會對孩子的心理造成負面影響。家暴會讓孩子產生根源性的恐慌，無法形成正常的情感依附；其中，當著孩子面前進行的家暴，更是不折不扣的心理虐待。

這樣的家暴行為包括：孩子目睹父母對配偶的言語暴力、雙方互罵，或是在情緒上互相折磨的行為。

看到大人生氣、大吼大叫的模樣，孩子本來就會覺得害怕、慌張。

即使完全不是事實，但目睹父母爭吵的孩子，常會沒來由地認為「是不是我害爸爸媽媽吵架」或「只要沒有我，爸媽就不會吵架了」。

事實上，確實曾有孩子在診間哭著這麼對我說，甚至還有孩子崩潰地說著「如果沒有我就好了」或「好想死」之類的話。

在雙親經常吵架的家庭裡長大，會讓孩子對自己存在的必要性產生懷疑，也會因此感受到嚴重的恐慌和虛無，甚至萌生自殺的念頭。

沒錯，天底下沒有完美的父母，只要住在一起，言語衝突是在所難免的。但**縱使彼此之間有各種解不開的結，重要的是至少別在孩子面前大小聲。**

情緒暴躁時，我們往往會不知不覺提高音量，也很容易像連珠炮似的滔滔不絕。然而對於必須靠父母才能活下去的孩子來說，看到生養他的人如此憤怒、承受情緒重擔的樣子，一樣會讓他覺得壓力破表。

舉例來說，我會提醒父母們**「用其他家人聽不到的音量，心平氣和地好好談」**。

當嚴重缺乏安全感的孩子在場時，更要注意用溫和的、與平常無異的語氣說話。

或許有人會懷疑：「只要這樣做，就能讓孩子感到安心嗎？」事實上，這麼做的效果可比我們想像中更好喔。

要是發現孩子為了某些事恐慌或隱約感到不安時，不妨試試這個方法。

讓孩子看見父母道歉與原諒的模樣

父母不要吵架當然最好；就算要吵，也最好在孩子看不見的地方進行。

當你變得暴躁、就要忍不住對伴侶發脾氣時，請務必記得，目睹父母的爭吵，會對孩子的心理造成不良影響。

但**假如雙方真的不小心在孩子面前吵了架，也請務必讓孩子「目擊」你們**

和好的場面。不是衝動吵完就算了，要讓孩子看見你們重修舊好、互相道歉、互相原諒的模樣。

這個過程也能讓孩子學習如何處理人際關係中的衝突，是非常重要的事。

醫師媽媽的叮嚀

▼

與另一半吵架後，請讓孩子看見你們和好

孩子的心聲 08

要是媽媽覺得難受，我也會很難受

你不孤單

身為兒童精神科醫師，我認為會帶孩子前來看診的家長，很少有人真的完全沒有問題或煩惱。

尤其是，很多人喜歡「指教」別人的育兒方式，像是自己的爸媽、親戚、媽友或其他身邊的人，往往讓家長們感到煩惱或迷惘。

我之所以寫這本書，原因之一正是為了告訴這些父母**「你可以不必這麼痛苦」、「你不是孤單一個人」**。

以前我曾遇過一位患者。

這位患者還是念小學的年紀，每次一到要上學的時間就肚子痛，沒辦法去學校。患者的母親不知道該如何是好，於是到診所求助。

「既然他沒辦法上學，暫時不要強迫他去，應該也沒關係吧。」

我是想貼近這對母子的心情才這麼說的，但說法可能有欠考慮。結果那位母親火冒三丈，大聲痛罵：

「醫生你根本不了解我的心情！你知道單親媽媽把孩子一個人留在家裡代表什麼意思嗎？少在那邊說風涼話！」

事實上，我也是單親媽媽，大女兒也不願意上學，狀況和這位母親一模一樣。她想必不知道我的處境跟她相同吧。

不過當時我被她嚇到了，沒能坦承自己也面對同樣的情況。

至今我仍在思考，心想當時要是能對這位拚命為了孩子著想而苦惱的母親說些什麼，說不定就能拉她一把了，同時也為此深感後悔。

驗。

雖然孩子很痛苦，但別忘記了，母親也非常痛苦。這是我從這件事學到的經

我並不是完全不擔心女兒拒學的事。

只不過我花了兩、三年時間、不斷自問自答，才逐漸接受孩子「可以」不去學校的事。

因為有這段過程，我才會說出「不去也沒關係」的話。但如果能好好解釋自己得到這個結論的過程，應該會比較好吧。

在那之後，我開始覺得自己可能需要在診間裡提及自身經驗，也要進一步表達出對患者及家屬的同理心。

「我女兒也有拒學的狀況，所以我很了解你的心情；畢竟我一開始也想方設法地要強迫她去學校。」

如果我能像這樣開誠布公，或許對方就會用不同的方式接收「不去也沒關

係」這句話。

關於單親媽媽必須獨自面對工作與家庭的辛苦，我非常能體會。

「什麼都要一個人包辦，真的很累；我也是這樣，所以會請很多人幫忙。」

要是我能這樣說的話，那位母親或許就能比較釋懷。

總之，在對苦惱的母親說話的同時，如果能讓她明白「你不是孤單一個人」就好了。

因此，現在若有機會，我都會談談自己的親身經歷。

醫師媽媽的叮嚀

不需要一個人獨力養育孩子，可以多多依賴他人

孩子的心聲 09

有時候，只要陪在我身邊就夠了

就算只是默默陪伴，也能撫慰人心

在累積了更多精神科的執業經驗後，我漸漸覺得，**只要默默地在一旁陪伴，就是最好的支持。**

當身邊的人覺得煩惱時，我們往往會覺得自己必須給點建議才行；但其實沒有必要。

「該對他說什麼才好？」、「不知道他有多痛苦。」要想像對方的心情、找出能貼近這分痛苦的話語並不容易，所以需要花很多時間。

但光是這段沉默的時間，也能將自己的心思傳達給對方。

與其說些拐彎抹角、不自然的話語，不如**透過沉默表達自己的同理**。

因此，在診間時，即使當下的我無法順利用言語表達，也不會說什麼敷衍搪塞的話，而會保持沉默（其實我是在想像對方的心情，並思考該怎麼說才好）。

我也曾老實對前來求助的孩子說：「我不知道該跟你說什麼，但你一定很難受對吧，要把這些事說出來也很需要勇氣。謝謝你告訴我。」

畢竟我不曾經歷過那種苦，或許無法真正做到感同身受，但**我會展現出想與對方一起面對問題的態度，包括他現在所受的苦，以及該如何舒緩這分痛苦，並希望對方也能和我一起思考。**

我也會這樣對待為孩子煩惱的父母。

因為父母大多不曾向任何人學過教養，莫名感到不安的人不在少數。此外，我也覺得現代社會讓我們很難再像過去一樣，能輕易地和附近鄰居往來，使得父母們在教養路上更顯孤立無援。

同時，資訊社會也讓我們更容易被過度氾濫的資訊誤導。只要在社群網站或搜尋引擎輸入關鍵字，就能找到各式各樣、多到令人眼花撩亂的資訊；然而「能接觸大量資訊」並不代表就能「輕鬆省事」，許多家長由於無法分辨正確的資訊，反而更加陷入焦慮。

父母痛苦時，孩子也會感受到痛苦。

因此，覺得難受時，最好能和其他人商量；倘若身邊沒有這樣的人，連家人也無法開口的話，也可以向衛生所、身心科診所或政府與民間的支持資源求助，不必強迫自己一定要靠自己的力量做到「完美的教養」、成為「完美的父母」。

不論父母或孩子，最好都能擁有許多可以依靠的對象。

沒有人是完美的，痛苦時就說「幫幫我」

我身邊也有好幾位視如母親的熟人，像是在我國高中時期經常聽我抱怨的補習班櫃檯阿姨、大學時參加的福音唱詩班班長、出國留學時認識的日籍阿姨等。

覺得痛苦時，千萬不要覺得「好丟臉」、「會麻煩別人」，請務必找人訴苦。**依賴別人完全不是什麼丟臉的事。**如果身邊有人可以依賴，請務必在自己需要時依賴對方。

只要換個角度想就知道了：如果你重視的人對你說「幫幫我」，你會覺得他是故意來找麻煩的嗎？不會為了對方願意依賴你而高興嗎？

等著我們開口請求協助的人，其實遠比自己所以為的更多。

很多父母會叮嚀孩子「不可以給別人添麻煩」，但**人生在世，一定會麻煩別人，也會被別人麻煩。**

這次我們給別人添了麻煩，只要下次再幫助別人就好了。

感到痛苦時，千萬不要覺得「這只是小事」，請勇敢對別人發出「幫幫我」的訊號。事實上，那些會做出割腕等自殘行為的孩子，絕大多數都發不出求助訊號。

父母能在痛苦時對別人說出「幫幫我」，孩子長大後才有可能學會也對別人說

「幫幫我」。

就算是為人父母，也可以依賴別人，請別人幫忙。畢竟人無完人，而且我們根本沒有必要成為完美的人。

醫師媽媽的叮嚀

難受時不要獨自承擔，請勇敢求助

第 2 章

爸媽，我不希望你們生氣

孩子的心聲 10

不要那樣對我嘆氣

孩子對父母否定的言行很敏感

前面提到，父母否定的話語或衝動怒吼會對孩子造成不良影響；事實上，也有不少孩子會對父母的表情、言行舉止和態度十分敏感。

尤其是國小高年級到國中的孩子，正處於開始在意別人眼光的時期。這個年紀的孩子特別在意最親近的父母如何看待自己、評價自己；也有很多孩子對父母的舉手投足十分敏感。

比方說，當父母看著自己，然後深深嘆了一口氣……接著，或是愁眉苦臉，或是視而不見，或是露出煩惱不已的表情時，都會讓孩子懷疑自己的存在

價值。

前來求診的孩子裡，也有些人格外在乎父母的看法，覺得「爸媽應該已經受夠我這種傢伙了吧」。

還有個孩子，每當母親對他嘆氣、表現得不耐煩時，都會非常沮喪，還說「感覺自己好像被拋棄了」。

除此之外，也有人光是聽到父母誇獎其他孩子（或兄弟姊妹），就會覺得「我真沒用」、「難道我比不上別人嗎」，甚至因此失去自信。

聽到這些孩子們的心聲，我才發現原來孩子竟會對父母否定的言行如此敏感。

對孩子來說，還有什麼事比被父母否定更讓人傷心的？

醫師媽媽的叮嚀

請記住，
孩子會因為父母的些微反應而沮喪

孩子的心聲 11

拜託顧慮一下我的心情，不要逼我！

孩子本來就無法完全順父母的意

有些只重視孩子能力和學力的家長，可能會在無意間過度逼迫孩子。有的父母一看到孩子的成績單，就會用誇張的方式表達驚訝，或拿手足、同學、鄰居孩子的分數來比較，有意無意地想操控孩子。

然而，就算父母希望孩子按照自己的心思去做，也未必能夠如願。或許正因為教養是父母不管再怎麼努力，也無法稱心如意的事，所以才會讓父母和孩子都感到痛苦吧。

我也曾有那麼一段時期，下意識地想讓孩子按我的想法行動。

大女兒念幼兒園大班時，我讓她參加了公文式教學課程。

她最喜歡算數字，學習算數的進度很快，甚至還受到表揚。

公文教室的老師也說「要是她能在學期末達到○○進度，說不定還能得獎喔」，因此我拚命讓她寫了很多講義。

但是有一天，我發現她開始經常出現像是咳嗽這類不停重複的抽動反應（為了避免大家對「抽動」產生誤解，這裡再解釋得詳細一點。抽動並不是因為父母養育方式不當才導致的，而是因為腦部異常，是特別容易在幼兒時期引發的疾病。大多會自然痊癒，但是在過大壓力下，可能會惡化或慢性化）。

這件事讓我深深自省，居然為了得到獎狀或是獎盃，讓女兒過度努力。

而且，在我察覺不該讓孩子按照我的想法行事之後，教養就變得輕鬆多了。

因此，每當遇到家長想逼孩子照他們的想法行動時，我都會告訴他們，即使對方是孩子，也不要試圖控制他，這樣對彼此都輕鬆。

不帶評價的人際關係才會順利

人與人之間本來就是這樣，越希望能照自己的想法走，就越不順利。

在診間聽患者傾訴時，就算我心裡想著「你只要這樣或那樣做就好了啊」，也不會把這個想法強迫推銷給對方，而是會仔細聆聽對方訴說哪些事情讓他痛苦、什麼狀況令他不安，再告訴他：「比方說，這件事或許也可以從某某角度思考看看，你覺得怎麼樣？」、「要是做某某事的話，會讓你產生怎樣的不安？」用慢慢靠近對方內心的感覺持續對話。

正因為患者感到非常焦慮，才無法主動前進；這時，如果還勉強他繼續向前，不管再怎麼有道理，也無法幫助患者康復。

另外，**像是「你這樣想就錯了」、「我說的才對」這種帶有評價意味的說法也要小心。**

每個人都有他自己的想法和價值觀，而他也是靠著這個價值觀才走到今天、活到現在，不是外人能隨便判斷「對」或「錯」的事情。

父母評價或否定孩子的想法和價值觀，試圖用自己的想法來操控對方，反而很可能讓孩子變得不穩定、失去自信，甚至封閉內心。

即使家長並非有意為之，也沒有打算直接否定孩子的想法，但還是請各位思考一下，看看自己是否會透過「比較」和「失望」試圖控制孩子、操縱孩子的人生。

醫師媽媽的叮嚀

孩子不是遙控車，強迫反而不利於他們成長

孩子的心聲 12

就算不對我大吼，我也會懂

否定會使孩子失去自信，形成不相信他人的負面循環

「adult children」（成年兒童）其實是「adult children of alcoholics」的簡稱，原意是指由酒精成癮的父母撫養長大、成年後仍生活得很艱苦的人。現在這個詞的涵義更廣，也泛指在虐待、疏於管教等無法安心生活的環境下（也就是在不健全的家庭裡）長大，覺得活著很痛苦的人。

「成年兒童」並不是醫學診斷，實際上是指一個人從小受到家庭環境的影響，以致成年後對某些事物成癮，或是自我認同不穩定、情緒不穩定、無法相信別人等承受各種痛苦的情形。

這種情形不只會出現在由疏於管教、暴力、虐待或酒精成癮的父母養育的孩子身上，即使是在外界看來「很正常」的家庭，在過度嚴厲的環境中長大的孩子，也會出現「成年兒童」的特徵。

舉例來說，在父母否定人格的話語洗禮下長大的人。

孩子要是從小就聽著「你真沒用」、「笨蛋」、「騙子」、「懶豬」這種否定人格的話，就會相信自己是個沒用的廢物。

由於他並不覺得原本的自己有多好，所以不只會失去自信，也會變得無法相信別人。

然而當我問那些管教嚴格的家長，為什麼要這樣對待孩子時，他們的回答卻是：「我是為了讓孩子將來能變成有用的人，才會那麼嚴厲地責罵他。」

就算是這樣，真的有必要對孩子那麼嚴厲嗎？

請回想自己會在什麼場合發脾氣

話說回來，我以前也曾因為生氣而衝動地對孩子怒吼。

後來仔細回想才發現，我想對孩子發脾氣的時候，大多是在對其他人事物感到不滿的時候。

比方說，被時程追著跑的時候，很容易就會想發脾氣——遇到需要緊急處理或截止日期快到的工作時，我的「怒氣沸點」就會降低，變得容易生氣。

我很清楚自己有這個毛病。有一次，我對孩子發完脾氣後，才想到「我是因為那件事一直拖延才會生氣」。在那之後，我便盡可能不讓自己趕時間。

經過一段時間的練習，我便幾乎不再對孩子生氣和責罵。

當然，看到孩子就要衝到馬路上，或是在停車場裡亂跑等可能會發生意外、導致性命危險的場合，我還是會大聲警告他們。

但與其說是生氣、責備，我更想傳達的是擔心。

我會心平氣和地告訴他們：「在停車場裡亂跑很可能會被車撞到，說不定會受傷，甚至會讓身體動不了。這樣的話，媽媽會很傷心。」

對於有一定年紀的孩子，只要好好說明「不能這麼做」的理由，他們大多能理解。

就算是大人，也無法接受自己毫無理由、不分青紅皂白地挨罵吧。

不過，父母畢竟也是人，難免會像膝反射般發脾氣或罵人。

我在診間也遇過很多煩惱著「忍不住會對孩子生氣大吼」的家長。

遇到這樣的家長，我會提醒他們，要是不小心吼了孩子，最好能回想一下自己生氣的原因，**並試著分析自己當時為什麼會那麼火大。**

前陣子，我開車載著小女兒出門，沒想到她把曼陀珠丟進可樂瓶裡，結果可樂噴得整車都是，我忍不住大喊：「你在搞什麼啦！」

她很喜歡做實驗，只是興致勃勃地想知道「丟進去會怎麼樣」，才把糖果放進去。我告訴她，這樣會讓車裡到處都濕濕黏黏的，還會吸引蟲子跑進來；以後要做實驗，就在浴室裡做。這件事就這樣結束了。

站在父母的立場，當然會希望孩子別在車裡做這種事，但她的好奇心，以及「把曼陀珠丟進可樂裡會大爆炸」的經驗，卻是她一生的寶物。如果我在女兒動手前就先對她大罵「住手！」的話，她就無法擁有這次經驗了。我也認為，父母不該奪走孩子基於興趣和好奇心而採取行動的小小機會。

要是父母強烈堅持「車子裡絕不能弄髒」，說不定會因此大發脾氣；如果是心愛的寶貝車子，發怒的程度想必更嚴重。

話說回來，要孩子乾乾淨淨地端坐在車上其實是件很困難的事，所以我會花些工夫，布置成弄髒也沒關係的狀態，並轉換心態，把這件事當成教養過程中的樂趣來享受。保持車裡乾淨整潔，或是激發孩子的好奇心，到底哪件事更重要呢？

我容易因為「時間」而生氣，至於其他人，可能會因為「清潔」、「不麻煩別人」或「整齊」等原因發怒；換言之，每個人都有自己容易被觸發的「雷點」。

因此在思考「如何不發怒」之前，我們需要的其實是養成回顧自己言行的習慣。

醫師媽媽的叮嚀

▼

別為了「方便」抹殺孩子的好奇心

孩子的心聲 13

不要老是碎念同一件事

「管教孩子是父母的職責。」有很多父母因為這個觀念，總忍不住過度對自己的孩子嘮叨。

但老是碎念孩子同一件事，只會造成反效果。

儘管父母多次提醒，要是孩子依然故我，家長也會覺得很煩躁吧。

注意孩子「已做到的事」

這種時候，只要**「聚焦在父母希望孩子做出的行為」**和**「先觀察孩子的狀態，再找（對孩子而言）合適的時機提醒，而不是以父母方便為主」**這兩件事，就會很有效果。

第一項「聚焦在父母希望孩子做出的行為」特別針對學齡前的孩童。大家可能都有這樣的經驗：大人越是警告「不要做」、「不可以」，孩子越會故意去做。這是因為年紀還小的孩子，會把父母的警告當成自己受到關注、父母對自己有反應的訊號，才使得他們不斷做出同樣的行為。

所以反過來看，父母只要在孩子「做出我們希望他們做出的行為」時表示關注，就能讓他們繼續做出同樣的行為。

也就是說，**不要聚焦在孩子沒做到的事，而是他們「已做到的事」**。

舉例來說，有位母親在診間對我抱怨：「孩子吃飯時都不肯好好坐在椅子上。」於是我便告訴她：「那就請你在他坐好的時候多多誇獎他。」

即使孩子只能坐在椅子上十秒鐘，其他時間都在到處亂晃，也請家長專注在那十秒，一逮到機會就誇獎他。

第二項「先觀察孩子的狀態，再找（對孩子而言）合適的時機提醒，而不是以父母方便為主」，是指**父母別只挑自己想嘮叨的時候才提醒孩子，而是在孩子能夠傾聽時再跟他說**。

比方說，在孩子打電動打得正起勁時提醒他「整理一下房間」，換做是任何人，應該都聽不進去吧。

如果希望孩子整理房間，可以在孩子開始打遊戲前提醒他：「把房間整理好再玩，才能玩得更舒服吧？」

先告訴孩子整理房間能讓他得到什麼好處，才有可能改變他的行動。

此外，**營造出孩子願意傾聽的時機是很重要的**。父母們可以在與孩子眼神交會時告訴他：「爸爸／媽媽有話想跟你說，等你玩到一個段落時，請先暫停一下。」等孩子暫停遊戲、準備好聆聽後，再看著孩子的雙眼對他說話。

反覆提醒孩子同一件事，只會讓彼此都覺得很煩。若能改用更貼近孩子感受的方式表達，讓彼此更能心平氣和，這樣不是更好嗎？

醫師媽媽
的叮嚀

你總是想說就說嗎？
孩子也有他想聽才聽的時候

孩子的心聲 14

不要一直對我下指令

對話的力量

父母都希望能把孩子培養成自己理想中的模樣，但若是不尊重孩子的意志，硬是將自己的想法強加在孩子身上，反而會讓孩子失去幹勁。

我認為，父母想將自己的想法傳達給孩子時，不要用命令和指示來操控，最好能透過「對話」告訴他們。

比方說，當我們希望孩子去做某事時，不要只說「你去做〇〇」，而是告訴他，**為什麼身為父母的你會希望他做這件事**。

說明結束後，也最好能補上一句：「爸爸／媽媽是這樣想的，你覺得怎麼樣？」了解孩子對這件事的意見。

另一方面，如果你希望孩子別做什麼，請避免直接用「不要做」這種命令句，而是**先告訴他這麼做會有什麼後果、為什麼你希望他不要做，再問他想怎麼做。**

換言之，不是由父母單方面決定方針，而是**透過對話，把自己的想法傳達給孩子。**

以前我曾聽到女兒說朋友的壞話，而且是絕對不能讓本人聽到的內容。當時我有一股想劈頭罵下去的衝動，但還是做了幾個深呼吸，問她發生了什麼事、為什麼會這麼說，並問她：「如果朋友在背後這樣說你，你會有什麼感覺？」

她回答：「我不想被朋友這樣說。」聽到她的回應後，我才接著說：「對吧，我也不想。你的朋友應該也不想吧？」

後來，女兒應該是知道這麼做不妥，於是向朋友道了歉。

直截了當地責備女兒「不可以這樣說朋友壞話！」或許更輕鬆省事，畢竟比起單純責備孩子，對話所花費的時間更長。

但孩子大腦的發展程度很明顯不如成人，就算急著逼他接受結論，他的思緒也跟不上。對任何人來說，無法理解的事都會造成很大的精神負擔，為了抵抗這種不舒服的感覺，很可能會讓孩子產生反彈。

認為「孩子不聽話，非常叛逆」的家長，請務必多多與孩子對話。

「換做是你，你會有什麼感覺？」請帶領孩子想像這種感受，「該怎麼做」的答案，應該就會自動浮現出來。

醫師媽媽的叮嚀

對孩子傳達想法時，請解釋父母的立場，好好與孩子對話

孩子的心聲 15

不要把你們的想法硬塞給我

用「我訊息」傳達自己的想法

希望對方採取行動時，用**「我訊息」**（I message）來傳達的效果比較好。比方說「我要洗碗了，如果你能把碗盤拿過來就太好了」，是透過**「我會因為你做了〇〇而產生口口感覺」這種以「我」為主詞來表達個人想法和主張的溝通方式。**

重點在於，除了訊息中所提到的事情之外，不再要求更多；**表達自己的想法以後，也請將執行與否的決定權交給對方。**

順帶一提，治療酒精成癮時，也會使用「我訊息」。

過去曾有一段時間，我在治療酒精成癮的病房看診。

要治療酒精成癮，就必須戒酒；但就算告訴病患「喝酒傷身，別喝了」這些大道理，他們也不會因此戒酒。

因為「別喝了」的主詞是「你」，所以會讓對方產生「被命令」的感覺。

大家應該也有類似的經驗吧：小時候一聽到爸媽說「去寫功課」、「去整理房間」就覺得很煩。本來還有打算要寫功課或整理房間，但是被爸媽這麼一說，莫名其妙覺得非常火大，反而不想做了。道理是一樣的。

因此，如果用「我訊息」表達自己的想法，告訴酒精成癮患者「我很擔心你的健康，才希望你能少喝點酒」，才能提高對方改變行為的可能性。

不管自己再怎麼生氣，甚至責備對方，對方也不會改變行為。這是我透過治療成癮患者學到的教訓。

尤其是酒精成癮患者，一旦讓他們覺得自己挨罵，就不會再走進診間了。如果就這樣置之不理，哪天很可能會因酗酒而喪命。因此，讓病人願意持續回診，是比任何治療都來得重要的事。

孩子也一樣。由於孩子無法逃離父母，因此一旦父母逼迫孩子聽話，孩子馬上就會開始學著察言觀色。

到了這個階段，父母就再也不會知道孩子真正的想法和心情。對父母來說，完全不知道自己的孩子在想什麼、有什麼感受，不是一件很悲哀的事嗎？

當然，就算無法對孩子的一切瞭若指掌，至少要能**親耳聽到孩子說他現在對什麼感興趣、熱中於哪些事物**。比起要求孩子按爸媽的心意行事，我認為這件事更重要。

父母的人生歷練比孩子多，總會忍不住指使孩子「要這樣做」、「不要那樣做」，但無論如何，請各位父母先壓抑這股衝動吧，重要的是**讓孩子養成自己判斷的習慣**。

醫師媽媽
的叮嚀

不要把自以為正確的觀念硬塞給孩子，用「我訊息」表達自己的想法

孩子的心聲 16

父母的話永遠是對的嗎？

父母的威嚴有那麼重要嗎？

孩子是一種喜歡提問的生物，常常問出連大人都很難回答的問題。尤其是他們還小的時候，最喜歡問「為什麼」：「為什麼天上有雲？」、「為什麼飛機會飛？」有些家長甚至會覺得這些問題很煩。

孩子總是對五花八門的事物感興趣、問出千奇百怪的問題，常讓父母筋疲力盡。我很能體會這個心情，畢竟養育孩子的過程中，就是會有讓父母如此心累的時候——而且是「常常」。

更何況，父母也可能不想對孩子承認「我不知道」，還有些人或許覺得這樣有損父母的威嚴。

但父母不可能完美無缺，就算有不知道的事，也沒什麼好丟臉的。當孩子問出父母無法回答的問題時，我們可以告訴孩子：「那麼，一起來找答案吧！」也可以說：「一起想想看吧！」或反問孩子：「那你覺得呢？」享受親子交流的時光。

或許有人覺得，父母的地位應該比孩子更高，想法也應該比孩子更正確，但我認為親子關係並沒有地位高低之分，**我們應該把孩子當成完整的一個「人」，以平等的方式對待他、予以尊重。**

比方說，我很不擅長美勞，但我的小女兒卻能從很多地方挖掘創意，總是在挑戰動手做些什麼。

我覺得她這樣很厲害，也確實這樣告訴她本人。

這麼說來，前陣子她想用太白粉做實驗，結果用掉一整包未開封的太白粉。在太白粉裡加入液體後，如果慢慢攪拌，會變成柔軟黏稠的流體；但要是快速攪打，就會變硬。她想嘗試的是對某些液體施力後會形成固體的「脹流性（dilatant）現象」。

慚愧的是，我還是第一次知道有這種現象（多虧小女兒）。

小女兒經常像這樣，在看過網路上的影片後，用家裡的各種物品來進行各種實驗。

我之所以沒有阻止她，是不想澆熄孩子想自己動手做的渴望。

如果只因孩子有可能把家裡弄髒就生氣，會扼殺孩子「想實驗看看」、「想試看看」的想法，讓他們不再對世界感到好奇——反正爸媽一定不准，一定會生氣。

會不會弄髒廚房，要實際做了才會知道。我不想在還沒開始之前就先認定「一定會弄髒」，而限制孩子出於好奇心的挑戰。

要是真的把家裡弄髒了，只要讓孩子自行收拾就好；而且我覺得太白粉也不是非得拿來做菜不可，用來做實驗也沒關係。

我不希望孩子因為父母的臉色而退縮。

每個孩子都有父母不知道的自我世界。

我想尊重他們心裡的那片天地，也不希望身為母親的我毀了他們的內心世界，這就是我不責罵孩子最主要的理由。

醫師媽媽的叮嚀

孩子擁有父母不知道的內在世界

孩子的心聲 17

爸媽也不是什麼都會啊！

讓孩子看見父母的失敗

有一次，我曾想做一道不熟悉的菜色，結果慘不忍睹。

廚房弄得髒死了不說，做出來的菜還有夠難吃。我和兩名女兒忍不住捧腹大笑，小女兒脫口而出的一句話則令我印象深刻：

「媽媽好好玩喔，明明在工作上那麼能幹，卻超不會煮飯的。原來媽媽也有不會的事情啊！」

還有一次，我了為自己衝動發脾氣的事向小女兒道歉，結果她回我：「媽媽也不是什麼都很厲害嘛。但是有道歉就好，沒關係。」

女兒認為母親不完美、做不好的地方「好好玩」，讓我有種得救的感覺。我很高興她能這樣覺得而露出了釋然的笑容。

於是我告訴她：「你好體貼，願意包容媽媽沒做好的地方，媽媽非常喜歡你這分心意，也很以你為榮。謝謝你。」

父母當然也有犯錯和失敗的時候，但有些家長會選擇隱瞞、掩飾、搪塞。就我的觀察，對孩子越嚴厲的家長，這種傾向越明顯。

前面也提過，不願認錯的家長或許是覺得道歉會讓他們失去父母「應有」的地位和威嚴。但這種心態真的是大錯特錯。

孩子還小的時候，不太會質疑自己的父母，進入青春期之後就未必了；而且一旦父母的言行舉止有矛盾，孩子馬上就能敏銳地察覺。特別是在父母嚴厲管教的家庭裡，孩子更容易以同樣的嚴格看待父母的過錯。倘若父母無法坦率承認自己的失敗和錯誤，將導致孩子對父母產生嚴重的不滿和不信任。

我認為，**父母最好能讓孩子看見自己的失敗**。

當孩子看見父母的失敗時，會覺得「就連爸媽都有做不好的時候，那麼我就算出了點小錯，也不會是世界末日」，有助於讓孩子建立對於「生而為人」的安全感。

此外，**讓孩子看見父母從失敗中學習、重新振作的模樣也很重要**。

倘若父母對孩子說出或做出不對的事，就要老實認錯道歉。以身作則，孩子才能學會互相包容，也才能體驗到「不論對象是誰，承認自己的錯誤並道歉，可以使彼此的關係更融洽」。

更重要的是，父母也因此能成為孩子「從失敗中學習」、「不必追求完美」的榜樣。

醫師媽媽的叮嚀

「父母也會犯錯」的事實能讓孩子有所學習、擁有安全感

第 3 章

爸媽，我想要自立

孩子的心聲 18

別拿「擔心」當藉口來控制我

比孩子更激動的母親

有些家長會將孩子的遭遇的化為自己的不安。

曾有位母親獨自前來，說：「我家念國中的孩子在學校被霸凌，日子過得很痛苦，希望醫師能幫忙開診斷證明。」

要開立診斷證明，就必須有診斷的事實，也就是要先為孩子看診才行，因此我請這位母親帶她念國中的女兒過來。但實際問診後，我發現這孩子的說詞與母親並不完全符合。

母親表示：「女兒的內心嚴重受創，晚上根本睡不著，飯也吃不下。」

然而當我問那名女兒「睡不著的情況大概持續多久」時，她卻冷靜地回答：「沒有啊，我睡得著，也吃得下。」

我一頭霧水地看向母親，卻發現她用非常可怕的表情盯著孩子，拚命對女兒使眼色。

這位母親可能是故意說得比較誇張，好讓我開立診斷證明吧。

經過仔細問診，發現這孩子的確遭到霸凌，內心也並非完好無傷。

但母親所受的傷遠比女兒更嚴重，大概是無法忍受「我的孩子被霸凌」吧。

母親急切地對我傾吐孩子遭到霸凌的事，但我看著在一旁沉默聆聽的女孩，心想真正需要治療的，或許是這位母親。

真正深受霸凌困擾的明明是孩子，受傷吵鬧的卻是母親。

在我看來，將女兒搞得團團轉的，其實是聲稱「這孩子一定傷得很重」、「她過得很痛苦」的母親。

這就是親子之間的「痛苦界線」沒有清楚劃分好的狀態。

後來，這位母親拿著診斷證明去學校，聽說還對老師「稍微」誇大了事情的經過。

我只能對這孩子深表同情，辛苦她了。

冷靜看著因女兒受苦而大吵大鬧的母親，那女孩的模樣著實令我印象深刻。

那位母親有自己的價值標準，也有身為母親的情緒，她當然可以因為孩子遭遇霸凌覺得受傷，而這也的確是事實。

但是，孩子感到受傷的程度未必和她一致。

遇到這種事，我認為，父母們最好能冷靜地重新思考「我都這麼痛苦了，孩子一定跟我一樣痛苦才對」的成見。

這分焦慮到底是誰的？

毫無例外的，前來求診的家長都是為了自己的孩子而擔憂，但其中也有家長不過是自己一頭熱地（這麼說或許有人會生氣）感到焦慮。

我也曾對聲稱「只要能解決孩子的問題，我就不必再煩惱」的母親說過：

「你所說的『問題』，真的是孩子的問題嗎？」

這個提問，也希望各位父母能時常放在心上。

醫師媽媽的叮嚀

重要的是冷靜分辨，感到受傷的究竟是孩子，還是父母自己

孩子的心聲 19

你們就這麼不放心我？

父母會因為不安而試圖控制孩子

不只是前來就診的人，在我的 YouTube 頻道和 Instagram 上留言的人，也大多是有嚴重焦慮的家長（尤其是母親）。

人類會對未知、無法預測的事感到不安，而「教養」本身就是一段充滿未知數且不可預測的漫長旅程，所以我很能體會父母為什麼容易感到焦慮和壓力。

不過，孩子不可能按照父母想要的樣子長大，也無法預測他們將來會長成什麼模樣。

正因為焦慮，父母才會忍不住想控制孩子吧。

也有父母因為焦慮，於是想讓孩子走上與自己相同的人生道路。

雖然我會告訴這些父母「不可以控制孩子的人生」，但說來慚愧，我以前也是這樣的母親。

我曾就讀名古屋市的南山中學，在我畢業後不久，該校增設了小學部。

雖然我當年的成績根本就是吊車尾，但由於我很喜歡那所學校，因此讓大女兒參加了小學部的入學考試，希望她考進去後，將來能直升國中和高中。

但對於有發展障礙的大女兒來說，小學入學考試要面對一堆壓力非常大的功課，第一次見識這種場面的她緊張到不行，每次去補習班都會全身僵硬。

直到有一天，我終於驚覺。

假設女兒真的進入南山小學，並升上該校的中學部，我大概可以想像出她未來的人生軌道——或許我只是想要求個心安，才會讓她去應考吧。

由於我沒念過公立小學，才會隱約覺得「還是讓女兒念私立小學比較好」。不過大女兒最後就讀的公立小學有很棒的師資，這也讓我反省：自己到底為什麼擔心公立小學不夠好？

當你覺得孩子「念這所學校比較好」或「將來走這條路比較好」時，請不要以為「本來就該這樣」，而是停下來想一想：**「為什麼我覺得這樣比較好？」**對孩子來說，你認為的這條路真的最適合他嗎？還是說，你其實是覺得孩子走上這條路，自己才會安心？

父母的期望，真的是孩子的期望嗎？

舉例來說，事業成功的父母之所以想讓孩子走上跟自己相同的路，或許是因為比較容易預測孩子未來的人生。

就算孩子說自己「想當藝術家」或「想當 YouTuber」，但由於大多數人無法想像這些職業的未來發展，於是難以贊同。

當然，生活需要一定程度的金錢做為支撐，父母必然會擔心「那種工作賺得了錢嗎」；但為了讓自己安心而強迫孩子做他不想做的事，難道就沒有問題嗎？

這種時候，**如果能察覺自己其實是為了求心安，才希望孩子朝某個方向發展，就更容易克制自己內心的焦慮，不至於逼孩子滿足自己的期待。**能認清自己是為了求心安才逼孩子念書的人，與完全沒察覺自己的焦慮、一味逼迫孩子念書的人，帶給子女的壓力可是截然不同的。

站在孩子的角度來看也是，如果父母在口口聲聲說「為你好」的同時，不斷施加更大的壓力，帶來的不可能是幸福，只會是難以承受的痛苦。

我想提醒各位的是，**父母真正的職責，就是讓孩子能靠自己的雙腳走出自己的人生。**

醫師媽媽
的叮嚀

當你覺得孩子「走這條路比較有前途」時，請務必留心

孩子的心聲 20

一天到晚要我這樣那樣的，煩死了

越是要求「一定」，教養就越痛苦

一定要考上頂尖學校，一定要交很多朋友，一定要靠自己把事情做好……父母越是要求「一定」，養育孩子的過程就會越痛苦。

因為當家長努力要達到這些標準時，這種「一定」、「絕對」、「必須」的念頭就會變得更強烈，也就更無法接受達不到要求的孩子，並感到更加焦慮。

我想說的是，「達不到要求」往往不是孩子的問題，而是父母本身的問題，有可能只是父母自己感到焦慮而已。

就像前面那位認為遭到霸凌的女兒「一定很痛苦」的母親。得知孩子遭到霸凌或排擠時，身為家長當然會擔心，但要是父母比孩子更恐慌，孩子就會覺得「一點小事就讓爸媽擔心成這樣，以後還是別告訴他們比較好」，於是就算遇到困難，也變得難以啟齒。對兒童精神科醫師來說，這才是最值得擔心的事。

當你為孩子的事感到擔憂時，務必先分辨哪些部分是父母自身的不安，哪些部分是孩子自己的問題。

我原本堅信孩子必須考上頂尖名校，並擔心孩子的成績不夠好。但仔細思考後才發現，因為我自己就是這樣長大的，才會有這樣的迷思。

只要能發現問題不在孩子，而是在自己身上，對待孩子的方式就會跟著改變。就算孩子勉強考上頂尖學校，入學後也可能會因為跟不上進度而失去自信。

因此，選擇學校時，不要只是以成績排名為基準，也可以考慮能讓孩子學習喜歡事物的學校，或是校風適合他個性的學校。

每個人的觀點都不盡相同，重要的是父母要先察覺自己焦慮的來源。具體釐清那些曖昧不明的感受，也是讓不安化為心安的有效方法。如此一來，自己的心情就會輕鬆許多，對待孩子的方式也會改變。

如果你正為孩子的事煩惱，請先學習面對自己的焦慮——找出自己為何焦慮，這股焦慮又是從何而來。

父母若能養成面對自己的習慣，就不至於過度擔心孩子，也才能冷靜地處理問題。

醫師媽媽的叮嚀

▼

請想想：父母的這些「一定」，真的非做到不可嗎？

孩子的心聲 21

不要隨便介入我的人際關係

大人所見的世界與孩子並不相同

我的大女兒有自閉症類群障礙的傾向，所以我經常遇到在我看來「雖然女兒正和朋友一起玩，卻有點格格不入」的場面。

孩子是一種非常直率的生物。

比方說，女兒有次跟朋友A和B一起玩耍。

A當著我女兒的面對B說：「真不知道○○（我女兒）在想什麼欸。」

當時我就在現場，聽到這句話，忍不住有點難過，很想告訴A「請不要那樣說○○，陪她一起玩吧」，但我還是忍住了，想觀察女兒有什麼反應。

結果，女兒的表情沒什麼變化，依然若無其事地待在那裡。

我心想，儘管自己心裡有點難過，但女兒好像無所謂的樣子，這才讓我得以冷靜下來。

過了一會兒，女兒也跟他們打成一片，大家一起和樂融融地玩耍。

「幸好當時我沒有笨拙地插嘴。」我忍不住這樣想。

孩子偶爾會說出一些很殘忍的話，連大人聽了也可能會覺得受傷（但說不定只有大人這麼認為）。

然而正是在這種時候，才更需要冷靜仔細觀察孩子的反應。

孩子真的因為這些話而受傷嗎？

身為父母，懂得分辨孩子的反應非常重要。

對孩子來說，哪些事會讓他受傷？哪些事對他而言其實不痛不癢？對於這些會讓父母產生負面感受的事，孩子有什麼反應？又如何應對？

有些父母會說：「身為父母的我都覺得難受了，孩子想必也有同樣的感覺，所以我必須保護他。」並因此介入孩子的人際關係，但我並不建議這麼做。

不要因為父母感覺如何，便認定孩子必然和自己有一樣的想法，而是要幫助孩子學習察覺自己內心的感受（尤其是負面遭遇），並找出迴避和克服這些狀況的方法，才能藉由跨越這些難關培養出「獨自生存的能力」。

與其說我是從兒童精神科醫師的角度出發，不如說我是以一位母親的身分，透過自家孩子的成長所得到的領悟。

醫師媽媽的叮嚀

覺得孩子「可憐」時，先深呼吸，再多觀察一下

孩子的心聲 22

爸媽緊張的話，我會更緊張

以正確的資訊保持適度的焦慮

新冠疫情肆虐時，未知病毒帶來的不安與日常活動突然受限的壓力，讓許多人陸續出現失眠、焦慮、心情低落等症狀。

當時到處充斥著過度製造恐慌的文章和錯誤的資訊，於是我開始分辨**這些消息是單純的謠言，還是有根據的事實，並思考「適度的焦慮」有多重要。**

教養也是一樣的道理。

首先，不要輕信沒有根據的消息。

接著，不要因為父母自己擔憂，便強迫孩子接受不適合他特質和興趣的教育方式。

還有前面也提過的，別說出會讓孩子陷入恐慌的話語。

我也經常在診間叮嚀家長：「有話對孩子說的時候，請先思考自己究竟在擔心什麼，才會讓你想說這些話。」

另一方面，焦慮不全然有害。

人生在世，不安、擔憂或恐懼都是很重要的感受。

因為不安和擔憂，才讓我們有備無患；因為恐懼，才能避開事故或事件。

話雖如此，當大家莫名感到緊張、擔心受怕時，心裡想必很不好受。這時候，可以試著寫下自己之所以不安的原因，能讓內心稍微輕鬆一點。如果能冷靜地反思，了解「擔心在所難免」，並做出適當的處置，藉此發現自己其實沒必要那麼緊張的話，更能減輕焦慮的程度。

正因為父母常常滿腦子都在擔心孩子的事，才更需要先冷靜下來，面對自己內心的焦慮。

醫師媽媽的叮嚀

重要的是「不過度焦慮」

孩子的心聲 23

爸媽這麼痛苦，是我害的嗎？

孩子能敏銳察覺父母的不安

某天，一位母親前來看診，她有個念國中的女兒，目前處於拒學狀態。那孩子有發展障礙，加上正處於青春期，常常在家裡大吵大鬧的。

這位母親擁有很高的學歷，一直以來都是幹練的職業婦女，也是憑著個人努力、闖出一片天的類型；但她的丈夫對教養漠不關心，夫妻感情也不好。

為了孩子，這位母親不惜辭去工作，獨力處理孩子的問題。沒想到女兒卻鬧到警察上門關切的地步，甚至動手毆打弟弟。無計可施的她，最後決定來到診所尋求協助。

根據這位母親的描述，由於丈夫對家庭不聞不問、夫妻失和、女兒原本就有難以適應社會的特質等因素，再加上當時女兒參加的補習班要求過於嚴格，也使孩子承受了額外的壓力。

女兒過著日夜顛倒、熬夜打電動的生活；心情不好就會大吼大叫、摔東西，在屋裡發怒暴走。

那位母親表示，一聽到女兒大鬧的聲音，心頭便一陣鬱悶，甚至覺得「人生一片黑暗」，徹底絕望。

她也懷疑孩子之所以如此失控，是不是身為母親的她不夠盡責、沒有好好照顧孩子的緣故，並為此感到內疚。

我家大女兒不肯上學的時候，我也曾懷疑是不是因為自己太沒用。這讓我非常能體會那位母親的心情。

事實上，當父母感到絕望和不安時，孩子馬上就能察覺爸媽的情緒，並認為「是我害爸爸／媽媽不快樂」，使原本的行為更加惡化，陷入負面循環。

父母不安的情緒會傳染給孩子

尤其是青春期的孩子，可說是對父母耐心和寬容的艱困考驗。但越是辛苦，父母越要重視自己的時間和心情，做自己想做的事，讓自己開心。

以這位母親為例，雖然她辭去工作、寸步不離地照顧女兒，但女兒畢竟已經是國中生了——倒不如說，辭職反而讓這位母親更沒有退路、把自己逼得更緊。

因此，我建議她「既然你想工作，不妨試著慢慢重回職場吧」。

另一方面，為了避免惹女兒生氣，她每天都戰戰兢兢的，把日子過得小心翼翼。不過就在我建議她「試著過自己想過的生活」後，某天，她終於下定決心，不再忍耐，如願以償地和兒子兩人一同出門旅行。

她告訴我，一開始她壓根沒想過要把女兒一個人留在家裡，自己和兒子去旅行。沒想到，當她大膽採取行動後，留在家裡的女兒反而很平靜，既沒有大吵大鬧，弟弟也非常開心。

就這樣，這位母親開始做自己想做的事，不但漸漸放寬了心、更有餘裕面對一切，臉上出現笑容的時候也增加了。

她的女兒仍然拒學，也依然日夜顛倒；發生改變的，只有這位母親面對既成事實的心態和她自己的生活方式。

後來，她更試著廣泛閱讀各種書籍，也帶孩子們到大學的心理輔導室進行諮商，專心做自己「應該做的事」。很難想像她剛來找我時，一副「我不知道要怎麼面對這個悲慘的家庭，拜託醫生你想想辦法」的樣子，不由分說地全盤否定女兒、自己與家人的一切。

這樣的變化意味著這位母親不但「心有餘力」，觀點也逐漸改變了；連帶的，女兒的態度也慢慢有所轉變。大吵大鬧的次數減少了，弟弟也能隨意做自己想做的事，家裡終於恢復了平靜。

如今這位母親已不再回診，我想他們現在應該過著安穩的生活吧。

父母很容易「為了孩子好」而過度投入。

不過，請各位務必牢記，「安心」是孩子成長的根基中不可或缺的要素。**當父母願意展露笑容，孩子才能獲得安全感，覺得「我可以待在這裡」**。

雖然食物和住處等物質上的充裕也很重要，但給予孩子安全感等精神上的滿足，無疑是更重要的。

從小就在安心的環境裡成長，長大後才能在社會中找到能令自己感到安全的歸屬之地，並以此為根據地，拓展自己的眼界與世界，這才是真正意義上的自立。

如果問我「父母的職責是什麼」，我會說答案就是「全力成為最能讓孩子感到安心的存在」。

醫師媽媽的叮嚀

沒有什麼比父母的笑容更能令孩子安心

第 4 章

爸媽，請你們信任我

孩子的心聲 24

你們是不是覺得「反正我什麼都不會」？

連孩子和誰來往都要干涉的母親

有位母親很擔心念國中的女兒交友不慎，於是去找導師談話。原來是女兒在班上要好的同學不但染了頭髮，也故意把制服穿得鬆垮垮的，她便擔心孩子會被「那種人」帶壞。

這位母親回家後，告訴女兒「只能跟成績好的同學往來」。聽到媽媽的話，女兒激動地頂撞母親——她從來不曾反抗父母，如今卻像突然變了個人似的，十分「叛逆」。

我媽也曾對我姊姊做出一樣的事。

姊姊就讀的是以升學為導向的名校，班上有位同學染了一頭很醒目的金髮。媽媽知道姊姊跟那位同學成為好友後，便打電話給學校，暗中拜託校方下個學年分班時，要將她們分在不同班級。

我聽姊姊提過那位朋友，染了金髮的她是個十分溫柔的好人。

當時的我年紀還小，無法理解媽媽的行為，也不知道她為什麼要這麼做，只覺得「就算擔心，這麼做也未免太過分了吧」。

母親是個情感豐沛的人，對家人的任何事都操碎了心。現在我自己也當了母親，儘管可以理解她當年的心情，但身為兒童精神科醫師，我不得不提醒各位父母：千萬別干涉青春期孩子的人際關係。

青春期是一段能讓孩子學會珍惜友情和他人的時光，也是讓他們逐漸向外拓展個人世界的時期。

因此，當父母批評自己的朋友時，「反駁」是這個年紀的孩子再正常不過的心理與精神發展歷程。

至於父母插手孩子的人際往來，只能說是「愛管閒事」。當然，父母之所以這麼做，都是為了孩子；我也能理解父母總是擔心自己的孩子會被別人帶壞。

但換個角度來看，如果父母直到現在仍不斷干涉、甚至試圖控制你的人際關係和行動，你又作何感想？

得不到父母信任的悲哀

倘若孩子真的出現了不良行為、生活態度變得非常糟糕，或許有必要跟孩子當面談談，了解他的交友關係和行動。

但我也希望各位父母能了解一件事：限制、控制孩子的交友關係，只會干擾他的自立。

對孩子來說，體認到「爸媽根本不相信我」是非常悲哀的一件事。

過度干涉孩子的一舉一動，正意味著父母認為「要是沒有我，這孩子什麼都不會」；一旦孩子感受到這一點，便很有可能失去自信。

更重要的是，過度干涉的父母多半也是「直升機父母」，總希望自己的孩子不要遭遇挫折、不要誤入歧途，才會想早一步排除風險。但這樣一來，反而會讓孩子無法分辨什麼可以做、什麼不該做，也無法培養判斷力與從失敗中再次振作的能力。

所有父母都希望孩子將來能成為獨當一面的成熟大人，但如果父母親手扼殺了這個可能性，後果又將如何呢？

醫師媽媽的叮嚀

先停止自認為對孩子好的舉動，並思考該行為真正的意義

孩子的心聲 25

請認真看著我、聽我說、相信我

越愛操心的父母，越是視而不見、缺乏耐心、渾然未覺

愛操心的家長往往沒耐心等孩子說出自己的想法；儘管看似很關心孩子，但其實並沒有用心看。

因為沒用心，所以就算孩子開了口，他們也無法察覺。

對孩子的反應「視而不見、缺乏耐心、渾然未覺」，正是愛操心的父母常見的特徵。

「視而不見、缺乏耐心、渾然未覺」的父母，也是無法信任孩子的父母。因

為愛操心的父母往往認為，要是沒有他們，孩子就什麼都做不到、什麼都不會，也什麼都不懂。

所以他們什麼事都想干涉，什麼事都想插一腳。但要是父母一直搶在孩子前面動手、凡事都先幫孩子鋪好路，孩子就會漸漸產生「就算我什麼都不做，爸媽也會幫我準備好」的想法。

這樣只會使孩子陷入「無法獨力完成任何事」的惡性循環。

剝奪孩子成長機會的，正是父母。

請各位父母好好看著孩子的雙眼，把耳朵打開，仔細聽他們說。然後，請在一旁守護他們。所謂「重要的事」不過如此。

你是否曾傾聽孩子的心聲？

因為不堪孩子在家大吵大鬧而前來診所求助的家長，大多會問我「該怎麼辦才好」。

我知道他們是因為擔心，才想找出正確的做法，但事實上，**這個問題只有孩子本人才能回答**。

而當我反問他們「有沒有問過孩子希望你怎麼做」時，他們大多啞口無言。當然，孩子大吵大鬧，代表他正陷於情緒風暴中，可能無法馬上做出什麼反應；但在他們發洩過後，必然有冷靜下來的時候。我希望各位父母能趁此機會問孩子：「你希望我怎麼做？」

請好好看著孩子，請時常聽他們說話，請信任他們。儘管父母理智上都知道自己應該這麼做，但不時還是會慌張地想：「該怎麼辦才好？」

「視而不見、缺乏耐心、渾然未覺」的反面，就是帶著愛與笑容陪伴孩子。如果是平常習慣為孩子打點一切的家長，或許會懷疑：「只要這樣就好？」

但坦白說，真的只要這樣就好了。這是最簡單、最重要，卻也是許多父母最難做到的事。

幸好，只要有心去做，馬上就能做到。

我一直想藉由這本書告訴大家的，就是**父母只要帶著笑容陪在孩子身邊，孩子就能感覺安心、平靜，也會願意說出內心真正的想法。**

醫師媽媽的叮嚀

只要好好看著孩子，陪在他們身邊就好。看似簡單，卻很難做到

孩子的心聲 26

請在一旁守護我就好，不要指手畫腳

「信任和陪伴」是一種選擇

面對無論如何就是會為孩子操心的家長，我最想告訴他們的是，**「用愛陪伴」也是很重要的教養之道。**

不是控制孩子，而是信任並陪在他身邊。

有一種觀點是，人只要在社會中建立起穩定的人際關係，行為脫序和犯罪的可能性就會降低，而父母的信任正好能為孩子的行為帶來正面影響。

當父母想對孩子的行為做出某些反應時，最好先忍住，並仔細觀察孩子本身，別被來自四面八方的訊息迷惑。

另外，也請千萬牢記，父母可以「選擇」信任並陪伴在孩子身邊。

事實上，總忍不住對孩子指手畫腳的家長，很可能並未察覺自己不相信子女，甚至覺得這樣才叫「保護孩子」。儘管如此，我還是希望這些父母能花點時間仔細思考一下，自己的行為究竟會對孩子造成什麼影響。

明明出發點是為了孩子著想，但倘若這些行為最後造成了反效果，真的可以說是「為了孩子好」嗎？

孩子有自己的人生，也有自己的意志和想法。

曾有母親對我的話提出質疑：「話雖如此，但原本愛嘮叨的媽媽突然變得什麼都不管，孩子難道不會覺得自己被拋棄嗎？」

如果孩子真的會這樣想，只要跟他說實話就好了。

「爸爸／媽媽覺得自己以前太愛操心了，老是對你囉嗦一大堆，以後我想學著多相信你一點，在一旁默默守護你。」可以像這樣坦率地向孩子宣示，自己將一改過去的態度。

此外，也可以對孩子說：「有煩惱的時候，你儘管告訴我，爸爸／媽媽會在你需要的時候幫你一把，絕不會拋下你不管。」

至於孩子聽了會有什麼反應，我想只要看到他們的表情，做家長的應該就會明白了。

好好陪伴孩子，和他們保持適當的距離，默默關心就好。

「父母相信我，有事一定會幫我」的安全感，也有助於孩子培養自制力和自信。

醫師媽媽的叮嚀

對孩子保持信心。即使只是默默陪伴，也能傳達自己的心意

孩子的心聲 27

既然爸媽說「有意見就講」，那就讓我說啊！

營造讓孩子願意說真心話的情境

一旦孩子覺得父母根本不會聽自己說話，就不可能願意說出自己真正的想法。

前面曾提過一位愛插嘴的媽媽，看診時會搶在孩子前面回答問題。我想，這樣的家長無論是在跟學校老師談話，或是跟親朋好友聊天時，都會搶先幫孩子回答，而孩子也會像看診時那樣，慣於沉默。

所以，**當孩子想談論關於自己的事情時，父母首先要保持沉默、製造出能讓孩子安心說話的情境。**

如果無論如何都想在孩子開口前說話，也最好能先徵得孩子的同意：「爸爸／

媽媽幫你說，好嗎？」

不論再怎麼不耐煩，父母都不該搶走孩子說話的機會。

尤其是在診間裡，不管孩子感覺到什麼、腦子裡在想什麼，就算他是被爸媽硬拉來的，我也希望能由孩子親口告訴我「他為什麼會來這裡」。

家長或許覺得，要是孩子說得不清不楚，或說了什麼不得體的話會很丟臉；但比起介意外人的想法，聽孩子說話重要多了。

別管社會的眼光，請看著孩子的雙眼、傾聽他的心聲吧。

醫師媽媽的叮嚀

▼

沒有傾聽的意願，孩子就不會主動開口

孩子的心聲 28

讓我自己去試試看

請教孩子如何克服失敗，而不是避免失敗

前面曾提過一位規定孩子「只能跟成績好的同學來往」的媽媽，雖然我媽媽也是這樣，但很多家長之所以這麼做，多半是因為「不想讓孩子遭遇挫折」。

比方說，我曾遇過一位家長，會偷偷檢查念高中的女兒手機，甚至還會一一確認孩子跟朋友互傳的訊息。

也曾遇過一位母親，會趁女兒（同樣也是高中生）熟睡時解鎖她的手機，再將她不希望女兒來往的對象連絡資料刪得一乾二淨。

結果那位女兒罹患了厭食症，歷經千辛萬苦才終於康復。我想，這種過度干涉的親子關係應該是導致她發病的原因之一。

不論是誰，想必都曾在與朋友的互動或戀愛關係上遭遇過挫折。

像是對朋友說了不該說的話，結果引發糾紛；或是忙著談戀愛，導致無心念書；又或是因為年少輕狂，無意中鑄下大錯。

但有時候就是要經歷挫折，才會學到教訓。

有些家長會認為：「正是因為愛自己的孩子、為了他著想，才不希望讓他遭遇失敗。這樣哪裡有錯？」

這當然也是一種愛，但要是父母凡事都搶先幫孩子準備好、避免他受挫，孩子就會在不曾經歷失敗的狀況下進入社會。

然而一旦沒有父母在身邊，這樣長大的人就不會知道該怎麼辦，很可能什麼事都做不到。這時候才遭遇的挫折，有時會嚴重到會讓我們懷疑自己的存在價值，甚至造成精神崩潰。

因為，我自己就有這種經驗。

父母對孩子的持續「管理」，會讓孩子即使長大了，仍分不清楚這究竟是自己的人生，還是父母的人生。

以前當我感到迷惘的時候，腦海裡總會浮現母親的臉，思考：「媽媽會怎麼想？」只要腦中的母親對我說「好」，我就會覺得安心。

但另一方面，我的內心深處仍有種「不論我是死是活，好像都沒什麼差別」的想法。我對自己活著的感受就是這麼淡薄。

最後，我成為一名醫師，母親或許會因此認為「我的教育方式果然沒錯」。

確實，我能成為醫師，固然有部分多虧了母親的教育熱忱，我也無意批評母親的做法完全錯誤。但我內心的某個角落依然這麼想著：

如果我當初能靠自己的力量多去闖一闖的話……

現在的我會看見什麼人生風景呢？

每個人都必定遭遇某些挫折，重要的是如何克服與跨越。因此，父母的責任不在於讓孩子避免失敗，而是**教他們如何克服失敗**。

同時，也要**告訴他們：「就算你失敗了，我也會站在你這邊。」**

醫師媽媽的叮嚀

讓孩子親自嘗試，才能從失敗中學習

孩子的心聲 29

結果不如預期的話，該怎麼辦？

不必為結果患得患失

關於考試，很多人根本什麼都不管，就是以考進最頂尖的學校為目標。但這件事真的能說是人生的最終目標嗎？

比方說，只要成績不夠好，就得不到父母認同的孩子，或是因為遭到父母虐待，長期以來無法安心生活的孩子……即使長大成人後，這些人還是常常覺得活著很痛苦。

另外，對自己沒自信、無法相信別人、日子過得一點也不開心，或是不知道自己想做什麼、喜歡什麼……因此覺得活著很痛苦的人也不在少數。

所以，最重要的，還是孩子能否感到安心。

只要能讓孩子覺得，就算事情進行得不順利、結果不如預期，自己仍然有容身之處，他就會覺得安心，還能繼續挑戰。

因為父母願意帶著笑容接納他，他於是能放心努力。

相反的，要是事情沒做好，就會挨媽媽的罵、被爸爸大吼，孩子就無法拿出最棒的表現，而且會在事情沒成功的時候試圖隱瞞。

在擔心自己的孩子「萬一失敗該怎麼辦」之前，希望各位家長能先透過態度和言行舉止，營造一個讓孩子安心的環境。

「要是我沒考上怎麼辦？我的人生該不會就這樣完蛋了？」當孩子因此感到焦慮時，請家長務必告訴他「絕不會有這種事」。**千萬不要以為「這不是廢話嗎？就算不說，孩子應該也懂」，有些話就是要好好地、清楚地告訴孩子才行。**

萬一孩子真的沒有成功，也不必提醒孩子「你失敗了呢」，重要的是讓他明白自己所做的一切努力並不會白費。直到孩子重新振作、願意再度挑戰之前，也請繼續信任並陪伴他。

醫師媽媽的叮嚀

▼

改變視角，就能找到重新挑戰的機會

孩子的心聲 30

沒考上的話，這輩子就完蛋了？

「失敗」是什麼意思？

再讓我多談一點關於挫折的話題吧。害怕孩子失敗的家長實在太多了。

前幾天有位母親來找我，她說：「我的孩子實在承受不起挫折，所以我想盡量避免讓他有類似的經歷。」

這種「絕對不能讓孩子遭遇失敗」的家長比想像中還要多很多。

但對孩子來說，什麼事情算是「失敗」？

「失敗」的定義又是什麼？

以考試為例。比方說，孩子挑戰考私立中學，結果全數落榜，這樣算失敗嗎？

或許有人覺得「沒考上當然是失敗」，但孩子為了準備考試而用功念書所獲得的知識和基礎學力，並不會因為落榜而付諸流水。

孩子一路苦讀的經驗，將是幫助他成長的養分。

假如孩子後來進入公立學校，以應考所得到的知識和學力為基礎繼續學習，考高中時，如願進入自己的第一志願，應該就不算失敗了吧！

不只是升學考試，若能將備考經驗活用在往後的人生，最後也選擇了自己期望的道路，應該就不算失敗了吧！

事實上，只要有人認定某件事「失敗」，這件事就會被定義成失敗。

如果父母認為考試落榜叫做「失敗」，孩子就會這麼認定。於是，「失敗」了的孩子就會因為自覺是「魯蛇」而失去幹勁和自信。

父母如何看待結果，足以決定孩子日後的走向。

因此，從結果來看，如何不讓孩子對考試喪失自信、燃燒殆盡、失去動力，可說取決於父母對考試結果的看法。

家長該對孩子說的，不是「你失敗了」、「雖然很努力，但這下全部白費了」之類的話，而要盡可能引導孩子善用這段努力的經驗。

不論父母或孩子，只要不認為某件事是「失敗的」，它就不是。更何況，人生有許多事都能重新來過。

日常的芝麻小事也是如此。

當孩子忘了帶該帶的東西時，除了提醒他下次不要忘記，也能藉機讓他學習如何開口向他人求助、跟別人借東西；當他獲得老師或同學的幫助後，或許還會覺得將來要是有人遇到同樣的情形，自己也想當那個好心人。

如果孩子因自己的言行舉止導致與朋友吵架，也不必視為失敗，而是當成一個讓他自省的好機會。我認為，讓孩子親自經驗挫折，才能讓他學會用體貼的目光看待別人的失敗。

醫師媽媽的叮嚀

父母認為的失敗，真的是失敗嗎？

孩子的心聲 31

我不會再照爸媽的話去做了

青春期是讓父母檢視「既定思維」的機會

從小學高年級到國中這段期間，孩子會進入青春期——站在父母的立場，就是變得「叛逆」，有些家長甚至會不知道該怎麼對待這個年紀的孩子。

但我認為，孩子的「叛逆」絕不是什麼壞事。

從這個時期開始，孩子會有自己的想法和意見，並萌生出不想再依賴父母的自立心，是極其正常的發展過程，沒必要以負面的眼光看待。

另一方面，如果改變一下觀點，我們也可以**把青春期視為「父母就算想控制**

孩子，也控制不了」的時期。

身為父母，如果正因為孩子的「叛逆」而苦惱，不妨藉此機會思考一下：自己過去是否會不自覺想操控孩子？

不只是青春期，**每當父母對孩子感到煩躁，或是屢屢為了「這孩子為什麼就是做不好」而困擾時，可能代表父母心中有個「應當如此」的理想或模範，並受到這些既定思維所限。**

比方說，孩子拒絕上學。如果父母心裡有「一定要上學」的價值觀，想必就會對孩子的「反抗」或「叛逆」感到混亂、焦慮與憤怒。

但事實上，不是只有在學校才能學習。在現今的學校系統以外，已有越來越多團體或組織能協助這些不適應學校的孩童。只要找出學校以外的學習方式和場所，當孩子哭著說「不要上學」時，家長或許就能產生不同的想法，也能產生「不用逼孩子去學校」的選項。

當然，考量各種因素後，說不定家長還是覺得去學校會是比較好的選擇。無論最後決定如何，在父母判斷孩子要不要繼續去學校學習之前，都請先傾聽孩子的心聲。

「反抗」是成長的證明

當孩子反抗父母時，做父母的也許忍不住會想罵人，但這時候，希望父母們能先停下來想一想：「自己長久以來所堅信的價值觀真的是完全正確的嗎？」

另一方面，也希望父母們能思考一下，孩子的反抗會不會是自己的言行舉止造成的？

同樣以學習為例，也許父母親自己從小就覺得「一定要上學」、「一定要考到好成績」，也這樣一路努力過來，於是很理所當然地把自己一直以為的這些「理應要做」、「做得到才對」的觀念強加在孩子身上。

自己是否過度強求孩子實現父母自身的理想呢？

首先，請重新審視自己的價值觀。

有了察覺，就能改變。只要我們發現自己已在無意間將價值觀或理想套用在孩子身上時，就能開始調整自己的言行舉止。

另一項希望各位父母千萬要記住的重點是，**青春期就是孩子藉由反抗父母和社會以獲得成長的心理發展階段。**

走在父母鋪好的路上，雖然很難遭遇挫折，然而這樣的孩子一旦沒有父母在背後操控，就會感到焦慮。

這個比喻可能不太恰當，但從某種意義上來說，就像是出獄後回到社會的更生人，因為沒有培養出足以獨立生活的技能，所以很容易重操舊業、回到監獄。

孩子受到父母過度保護的時間越長，就越沒有一個人活下去的自信，很容易認定光靠自己什麼都做不了。

教養最大的目的，應該是要讓孩子能在社會中獨立生活，靠自己的力量走

自己的人生。

比起照自己的想法控制孩子，父母更應該陪伴孩子學會自立。

醫師媽媽的叮嚀

青春期是獨立自主的開始

第 5 章

爸媽，能不能請你們放手？

孩子的心聲 32

你們說的「為我好」，是真的為我好嗎？

隱藏在「愛」背後的東西

最近有一個詞開始出現在大眾的視野裡——「教育虐待」。教育虐待的意思是「以超出孩子忍耐極限的程度逼迫孩子讀書」，也就是父母師長過度強迫孩子學習課業或才藝，一旦孩子沒有達到預期的目標或獲得成果，便嚴加斥責。

前來求助的患者中，有許多是因為父母給予過大壓力而痛不欲生的孩子；其中絕大多數都是家長希望孩子有更好的人生、對教育過於熱中所造成的。

換句話說，父母太過「為孩子著想」，反而造成孩子的沉重負擔。

尤其是這個時代，獨生子女越來越多，父母投注在獨生子女身上的熱忱、期望和金錢也比以前更多，壓力當然也跟著變大。

以日本為例，二〇二三年報考私立或國立中學（需要參加入學考試的公立中學）的應考人數和到考率雙雙創下歷史新高。

明明少子化問題越來越嚴重，報考私立或國立中學的人數卻不減反增，這表示「考上好學校，才有好未來」的升學風潮明顯過熱了。

對孩子來說，有教育虐待之嫌的家庭怎樣都算不上令人安心的場所，會對他們的心理造成很大的負擔。因為就算孩子覺得很難受，還是有很多家長相信自己「是為了孩子做正確的事」，堅持不肯退讓。

尤其是擁有高學歷或高社經地位的父母，大多深信「自己的成功是努力的結果」、「自己能有今天的成就，全憑一點一滴的努力累積」，也傾向於認為「成功是很正常的事」，所以會強迫自己的孩子用功念書，更容易讓孩子陷入煎熬。

但這不過是**父母擅自認定的「為了孩子好」**，這種強迫推銷的價值觀也往往會造成孩子的壓力。

要是孩子沒能在學業上取得令父母滿意的成績，就會受到嚴厲責罵或處罰的話，當然算是虐待；一邊把「這都是為了孩子的將來」掛在嘴上，一邊要求孩子按照緊湊的學習進度準備考試，對孩子實施不合理的教育方針，也有可能導致孩子精神崩潰。

但這些家長幾乎都不認為自己對孩子所施加的是心理虐待，反而認為自己都是為了孩子好。

為人父母者，都有可能變成「毒親」

身為兒童精神科醫師，或許我能從比較客觀的角度來說：凡是為人父母者，都具備了可能成為「毒親」（有毒父母）的要素。

儘管沒有身體上的虐待，沒有放棄養育孩子，也沒有在精神上傷害孩子，但長期的過度照顧和具操控性的過度干涉，也算是「有毒父母」的一種。

事實上，我不太想用「毒親」這種說法，但並沒有哪位父母能完美到絲毫不具備這項要素；更何況，「成為完美的父母」這種目標也實在沉重到令人窒息。

另一方面，「為了孩子好」，也不一定就代表愛。

重點在於，父母必須明確認清：「我有沒有將自己的價值觀強加在孩子身上？」、「我的做法是否讓孩子受苦？」

我非常希望各位父母能夠明白，「父母對孩子的過度期待」很可能就是讓孩子痛苦的根源之一。

醫師媽媽的叮嚀

「父母的期待」也會壓迫孩子的心

孩子的心聲 33

爸媽，你們真的是這麼想的嗎？

父母也會受到他人價值觀影響

身為家長（尤其是母親），應該常常滿腦子都想著孩子的事吧。

雖然依孩子的年齡而有各種不同的狀況，但許多父母確實會特別為了孩子的發展程度或學習能力而焦慮。

就像剛開始學會走路時，父母會為孩子的成長感到欣喜一樣，看到孩子的學力有所長進，父母當然也會感到開心。

當然，父母在教育上投注的心力多寡，確實有可能影響孩子的基礎學力，但

倘若父母給予孩子的，是「不適合他們」的教育和關注，這分熱情很有可能會

朝著錯誤的方向發展。

四十年前，也就是我出生的那個時代，大多數人的價值觀是成績好、學歷高、薪水高的人，才算「有用」的人。我媽媽對學歷有強烈的迷信，或許也是深受這種時代背景的影響。

另一方面，我爸的價值觀和媽媽截然不同，這對我來說，不得不說是值得慶幸的事。

比方說，在補習班拿到好成績時，母親會非常高興地稱讚我：「你好棒喔！」但父親並不認為會讀書就叫做「很棒」，再加上我是四月出生的孩子，各方面的成長本來就比同屆同學再快一點（日本的學年從四月開始），所以他認為「考得好很正常」，平靜的態度總讓我感到有些寬慰。

而且，他對孩子立志成為醫師這件事，也表示「只要是自己想當就好，沒用意願的話不用硬拚」。

如果我的父親跟母親有一樣的價值觀，可以想像他們對我的期許會更高，我說不定會因為承受不了壓力而崩潰。

父母的價值觀不同，對我們兄弟姊妹來說，或許算是一種救贖吧。

別用「自以為好」的價值觀養育孩子

身為父母，要留意的是，我們的價值觀可能會不自覺地相似於父母用來養育我們的那一套。

我一開始也以為，為孩子提供充實的教育，才是「好的養育方式」，因此，我在大女兒還小的時候，便幫她排滿公文式學習、鋼琴、芭蕾等才藝課。

但直到有一天，我才驚覺：這些都是過去母親要求我做的事。

我在不知不覺中繼承了母親的價值觀，還加諸在自己的孩子身上（不過，教育方針百百種，學習多種才藝是好是壞，不能一概而論）。

當我發現這一點後，便開始回顧自己的行動，並思考**「對孩子來說真正重要**

的事」究竟是什麼。

因此，我希望閱讀本書的家長們能先問自己一個問題：

「你的價值觀來自於哪裡？孩子會不會因為這項價值觀而受苦呢？」

醫師媽媽的叮嚀

▼

自己的價值觀是否受到別人的影響？
是否讓孩子感到痛苦？

孩子的心聲 34

希望爸媽能多在乎我的心情

父母的「愛」是否已越界變成了「控制」？

「我都是為了你的將來，才會這樣管你。」

父母常說自己都是為了孩子好，但這樣難道不算是將自己的價值觀強加在孩子身上嗎？

比方說，當孩子說不想學才藝時，父母可能會覺得很傷腦筋。但即使設法想讓孩子堅持下去、不希望他放棄，只要孩子本人無心去做，那麼勉強繼續的結果，只會讓親子雙方都很辛苦。

孩子之所以想放棄，有可能是因為自己還無法預見「繼續學習的結果」，這時父母可以告訴他們「繼續學的話，對○○可能有好處」、「可能有助於○○」，**先讓他明白將來有可能得到的好處**；並在這個前提下，讓孩子自己決定今後該怎麼辦。

也就是說，給孩子某種程度的資訊，由他們自己做出最後的判斷。

比方說，我一開始聽到大女兒說「不想去上芭蕾課」時，覺得難以接受。因為我非常喜歡她跳舞的樣子。

她本身也很喜歡芭蕾，喜歡到就算在家也會跳。但因為她有感官過敏（感官過度敏銳，即使是微小的刺激也會覺得難以忍受）的特質，漸漸穿不住跳舞時要穿的芭蕾舞襪。

她很想跳芭蕾，卻無法穿褲襪上課。

雖然跟老師談過後，老師說「不穿褲襪也沒關係」，但女兒的個性很頑固，表示：「如果不能跟大家穿一樣的褲襪，我就不要上課！」

我也曾強行帶著不斷哭叫的女兒去上舞蹈課。

這樣的日子持續了幾天後，我才驚覺，女兒都說她不要了，我還把她拖去上課，這難道不是虐待嗎？

她要跳芭蕾，就必須去上課；既然都特地去上課了，就要讓她跳得好；想要她跳得好，就得跟著好老師學習才行……結果我發現，這些根本只是我的一廂情願。

因為這是我個人的原則。

如果女兒真的喜歡芭蕾，大可看YouTube影片學；就算沒辦法自己跳，也可以帶她去看別人表演。

體認到這一點後，我老實地向女兒道歉，對她說：「對不起，你都這麼討厭了，媽媽還強迫你去上課。」

父母往往會將「想養育出〇〇的孩子」的期望加諸在孩子身上，要是孩子做出不合宜（或不合自己心意）的舉動，就會火冒三丈。但歸根結底，這終究還是父母擅自認為自己的價值觀就是「對的」所導致的。

父母或許覺得，自己是因為「愛」才會做出這些行為；然而**「愛」一旦越界，就有可能變成「控制」**。

希望各位父母在做出任何「為了孩子好」的行為之前，能先仔細思考：自己的做法，是不是在「強迫推銷」？

醫師媽媽的叮嚀

請養成習慣，思考自己的言行是否在控制孩子

孩子的心聲 35

為什麼要我完成你們的夢想？

父母的夢想，不等於孩子的夢想

有些過度干涉孩子的家長，會把自己的夢想或理想寄託在孩子身上，比方希望孩子考上頂尖大學、在穩定的大企業上班等。

最常見的，就是「他爸爸是醫生，所以這孩子也要當醫生」。

我家也是一樣；正確來說，這並不是我父親的期望，而是母親的熱切期待。母親有「希望孩子將來能當醫生」的強烈願望，因此我們幾個兄弟姊妹都是從國小就開始拚命讀書。

母親熱中於教育，在我們家，讀書就是一切。

就算我對料理有興趣，母親也總是告訴我「你只要念書就夠了」，不允許我去學做菜。

結果，我們為了討母親歡心，打從心底相信用功才是最好的。

我從國小一年級就去補習。四年級時，我在全國性的測驗裡考了第一名，成績提升到讓母親非常高興的程度。

想當然耳，母親因此對我寄予厚望；沒想到，這卻是我痛苦的開始。

升上五年級後，一些準備考私立中學的資優生陸續前來補習，我的排名也隨之逐漸下滑。畢竟以前的我能夠名列前茅，不過是因為補習班的學生人數太少了，並不是我的學力真的有多出色。

但我無法接受這項事實——說來有些可恥，我曾在補習班的考試中作弊。因為怕排名變差會惹母親生氣，所以覺得就算作弊，也要避免名次下滑。

雖然我媽媽不會打罵孩子，但當時只是個孩子的我，實在無法忍受母親明顯展露出來的不悅，或是「明明肯做就能做到的，真是丟臉」之類的酸言酸語。

後來，我總算考上了第一志願的國中，但我當時心裡浮現的念頭卻是「終於熬過來了」。

我費盡千辛萬苦才考上了國中和高中，成績當然一直吊車尾。

那幾年，表面上我交了很多朋友、日子過得相當開心，內心卻有個角落，一直萌生「想消失在這個世界上」的想法。

我國高中的成績很差，所以心裡總是隱約懷疑「我到底為了什麼活著」、「我根本沒有活著的價值」。

高三時，雖然我真正想讀的是國立大學的醫學系，但我知道自己的成績並沒有好到足以考上醫學系，因此原本打算報考理工科系或護理系，卻遭到母親卻強烈反對。最後重考了一年，才進入私立大學醫學系。

我的母親原本就是對家庭用情至深的人，父母的感情也很融洽，家裡的氣氛並不差。

唯獨在孩子的教育上，實在太過火了。

我認為，這跟母親本身的自卑感有關。

她結婚前是一名藥師。如果當初成績再好一點的話，說不定就能考上夢寐以求的醫學系，因此她對自己最後只能成為藥師感到很不甘心。她經常對我們說：

「媽媽不希望你們像我一樣後悔。」

此外，家族裡也有許多親戚是醫師，更加重了母親對教育的執念。

只是，父母的夢想畢竟不是孩子的夢想。

我的母親也許後悔自己沒能當上醫生，但她跟我是不同的個體。

父母是父母，孩子是孩子，父母的理想也未必是孩子的理想。父母若將自己沒能實現的人生寄託在孩子身上，可能會對孩子造成很大的負擔。

「你應該能做得更好」的魔咒

小時候，每次聽到媽媽對我說「你應該能做得更好」、「多努力一點」，就會覺得「沒辦法努力的我好丟人」。

長大後，我在進行心理諮商時（就算是精神科醫師，也有接受心理諮商的需求），曾試著思考當時希望母親能對我說的話，答案是「書念不好也沒關係」。

現在有些孩子，為了報考私立中學，從國小開始就拚命念書。能因為自己想努力而努力的孩子真的很了不起；更何況，就是有當初的努力，才有今天的我，而我也慶幸自己能成為精神科醫師。但我還是希望各位家長能思考一下，自己是不是將未竟的夢想或理想強加在孩子身上？

無論如何，請務必讓孩子知道，不管成績高低、念什麼學校，對他的存在價值都不會有任何影響。

醫師媽媽
的叮嚀

別強求孩子變成父母理想的模樣

孩子的心聲 36

為什麼你們都不聽我說？

不要將父母的色彩塗在孩子的畫布上

有些父母會在孩子畫圖時插嘴：「這裡應該要塗那個顏色吧？」、「這樣畫比較像太陽吧！」

但就算父母覺得孩子畫得很糟糕，圖畫還是得讓孩子親手完成才有意義，不是嗎？

因為孩子有自己感受世界的方式。

千萬不要把父母的色彩塗在孩子的畫布上。

由於我的前半生始終沒有自己作主的感覺，所以才不想把自己的價值觀畫在女兒們的畫布上，希望她們能依自己的想法來體驗人生。

「虐待」絕不只是別人家的事

父母過度干涉的程度要是不斷提高，很可能會在不知不覺中做出足以稱為「教育虐待」的行為。

我接觸過的患者當中，甚至有人因長期受到堪比心理虐待的嚴厲管教和過度干涉，產生「我不逃離父母就會崩潰」、「想先殺了父母再自殺」的想法，對父母懷恨在心。

曾有一名男性病患對我哭訴，說他曾在半夜拿起菜刀，想趁父母睡著時殺死他們，但終究沒有下手。

他哭著說：「再不殺了他們，我就活不下去了。」

二〇一八年，日本發生滋賀醫科大學學生殺害母親的事件，這名女性因母親要求她「一定要念醫學系、成為醫生」，飽受嚴重的教育虐待，最後殺害了母親

（這個故事後來寫成了《母愛的枷鎖，女兒的牢籠》一書）。

她原本是個認真優秀的學生，卻為了考上母親想要的醫學系，被迫重考九年，足見她母親對學歷的迷信和執著非比尋常。她所遭遇的教育虐待也非常不人道，一旦成績稍有退步，母親就會拿著菜刀威脅她、用熱水澆她、拿鐵管毆打她；要是她逃家，母親還會向警察報案，把她抓回來。

這起事件完全是教育虐待帶來的結果。從精神科醫師的角度來看，這對母女都需要救援；而這齣悲劇對每個人來說，都不該以置身事外的態度來看待。

孩子不是父母的財產。

希望各位父母能夠牢記：孩子有他們自己的人生，不該背負著父母不合理的價值觀或過度的期待掙扎度日。父母的愛，確實有可能變成孩子的枷鎖，甚至是牢籠。

醫師媽媽
的叮嚀

孩子並不是父母的財產

孩子的心聲 37

只要照爸媽說的去做，就絕對不會錯嗎？

讓孩子為自己的人生作主

我曾在某間私立小學的入學考試放榜當天，目睹許多母親鞠躬盡瘁的身影。其中有人號啕大哭說：「我都為考試花這麼多錢了，孩子還是沒考上，這都是我的錯！」看來她認為是自己沒好好督促孩子念書。

看著這一幕，我覺得她們好像把自己當成孩子人生的主角了。孩子有他們自己的人生，但父母卻搶走了孩子的主體性。

父母一旦搶走孩子的主體性，孩子就無法獨立思考、靠自己的力量決定自

己的人生。

以前我遇過一位母親，由於她自己沒有經濟能力，沒資格對負責養家的丈夫說三道四，所以她希望女兒一定要找到能賺大錢的工作，最好能當醫生。

但那個時候，她的孩子不過才念幼兒園。

女性擁有經濟能力確實很重要，但母親將自己的價值觀強加在幼兒身上，這種心態相當危險。

不論從事哪一種職業，都無法保證往後的人生必然一帆風順。

有些人等到當上醫師後，才覺得苦不堪言，或突然發現這不是自己真正想做的事，並因此辭職。另一方面，也有醫學院學生因為實在讀不下去而自殺。

如果孩子缺乏獨立思考、不知該如何靠自己活下去的話，不論做什麼工作，最後都可能會撐不住，導致精神崩潰。

重點在於，讓孩子為自己的人生作主是需要訓練的。

靠自己爬上人生的高山

母親經常告訴我們：「只要照我的話去做，絕對沒有錯。」

我從小就這麼相信，因此只要聽到媽媽這麼說，就會覺得安心。我不需要自己花力氣思考該怎麼做才好；萬一失敗了，也能把責任推給母親。

等到我升上大學後，才開始覺得「原來我以前一直在爬的這座山，是母親的人生」，也才發現，我未曾攀上自己人生的高山。

即使我已長大成人，仍不時苦惱「我為什麼要活著」、「我是不是已經可以從這個世界上消失了」之類的事。

直到我們成年後，母親仍繼續干涉我和兄姊的人生，尤其是我們的工作、居住地點、交往對象、結婚對象等，她全都想一手掌控，不論任何事，都要插嘴表示意見。

等我終於有勇氣反抗母親時，已是三十五歲以後的事：我不顧母親的強烈反對，辭去原本在醫院的工作，開設了屬於自己的診所。

說來慚愧，這是我人生第一次反抗母親。在這之前，我一直是個只會對她說「好」的「乖孩子」。

如果我一直只做母親決定好的事，就永遠無法以自己為生命的軸心，好好活下去；就算失敗了，還能把責任推給她。

但如果是自己決定的事，不論後果是什麼，我都得自己扛。

想要獨立，確實需要足夠的覺悟和心理準備；而在踏出第一步後，我感覺自己終於開始攀登「自己的人生」這座高山。

孩子還小的時候，在某種程度上確實需要由父母來作主。

如果沒有父母準備食物和衣服，孩子根本就不知道該怎麼辦，而他們應該也很難選擇自己想念的學校或想學的才藝。

在成長到某個階段前，由父母協助孩子掌好人生的舵，確實能讓他們感到安心。但父母千萬不能忘記，在這個過程中帶領孩子培養獨立自主的能力，是我們重要的任務。

唯有在孩子成為大人的過程中，讓他們漸漸養成「自己做決定」的獨立心態，才能讓孩子培養出靠自己活下去的自信。

自主思考，自主選擇，自主挑戰。這些經驗的累積能讓孩子學會信賴自己，有助於建立「我能作主」的信心。

醫師媽媽的叮嚀

要勇敢放手，讓孩子自己作主

孩子的心聲 38

爸媽今天的心情好不好？

一定要會念書，才能成為媽媽想要的好孩子嗎？

為親子關係煩惱的孩子，大多會看父母的臉色。

我自己也是如此。

四月出生的我，打從念幼兒園開始，就是班上長得比較快的孩子；上臺表演時也經常負責扮演主角，是個很顯眼的存在。

如今回想起來，是因為我總是在意「媽媽會不會為我高興」或「老師會不會稱讚我」之類的事。

小時候的我非常會看母親的臉色，一直扮演著「好孩子」和「資優生」，處處在意母親的評價。另一方面，我也覺得自己從以前就是個性開朗、朋友很多的人；但就和前面提過的一樣，我心裡有著說不出口的苦衷。

因為我以為，要是我成績不好的話，就無法繼續當母親心目中的好孩子，會讓父母失望。

雖然我覺得實際上並不會發生這種事，但當時的我是認真這麼想的。

即使後來長大成人，我依舊會看母親的臉色。

不論是重考後總算考上了醫學大學，還是通過醫師國家考試的那一刻，我腦海裡最先浮現的，都是母親的臉。

雖然我也為自己上榜感到高興，但更多是因為不必再看母親的臉色、終於可以從母親手中解脫而鬆了一口氣。

我在擔任住院醫師的第二年，決定和畢業於國立大學醫學院的前夫結婚；如今回想起來，這也是受到自己和母親未能實現的「考上國立大學醫學院」的夢想所影響。

後來，這段婚姻無法走到最後，我們終究離婚了。

雖然離婚的原因有很多，但經過反省後，我認為其中一個很主要的原因，是我和母親共依存的關係。

即使我如願成為醫師，還是想繼續滿足母親的期待。

前面也提到，我在不顧母親強烈反對的情況下，毅然決然獨立開業，這才覺得自己終於成功脫離母親為我鋪好的人生軌道。

我這輩子第一次叛逆，就是哭著把自己的想法告訴厲聲反對的母親，而這也成為改變我人生的一大轉機。

當時，不是只有母親反對我這麼做，父親也強烈反對。但我實在無法乖乖聽從他們所說的：「現在不是你思考職涯的時候。你要做的是陪伴不肯上學的大女兒，想辦法把她帶去學校。」

我想活出自我，不必再看父母的臉色

雖然我為親子關係吃了不少苦頭，但最後如願成為醫師，現在也認為精神科醫師就是我的天職。

痛苦的孩提時代、與父母之間的矛盾、懷孕生產和離婚、孩子的拒學與發展障礙，這種種經歷全都能活用在精神科醫師的工作上。

大女兒拒學這件事讓我思考了很多，是讓我領悟的一個契機。

她跟過去事事都一帆風順、引人注目的我不一樣，她連站上幼稚園的舞臺表演都做不到。

其他孩子都在跳舞，只有她杵在臺上，露出困惑的表情。

我曾因為她這副模樣而鬱悶，心想：「為什麼只有我的孩子做不到？」

但當我看見一旁的其他孩子很高興地問著「媽媽，我跳得棒不棒？」時，卻突然想起過去對母親察言觀色的自己。

於是我冷靜下來，發現女兒只是沒打算讓我露出開心的神色、不想博取我的稱讚而已；也就是說，她並沒有「要是自己不乖就會被母親討厭」的想法。

或者也可以說，她相信母親會接納自己的一切，因此，也許我已成功實現自己理想中的教養方式也說不定。

這項發現對我來說，是個很寶貴的救贖。

正因為有這段經驗，我才放棄注重學歷的教養方式，願意去愛孩子本來的樣貌——話雖如此，看著女兒無法做出跟其他孩子一樣的舉動時，我還是數度想著「為什麼只有我的孩子辦不到？」而在夜裡偷偷落淚。

幸好，我身為精神科醫師的一面也會同時顯露出來。每當出現這種「只有我的孩子和別人不一樣」的感覺時，我都會徹底反思過去賴以生存的價值觀裡，究竟是以什麼為根基。

「女孩子就是要學鋼琴。」

「比其他人優秀是很正常的事。」

「應該讓孩子去學校上課。」

「要讓孩子去考私校、進入優秀的學習環境才對。」

諸如此類的。

我並不會為這種價值觀自責，而是一心一意不斷練習與自己對話，告訴自己：「原來我是這樣努力活到今天的啊，現在我已經不用再那麼拚了，只要活出原本的自己就好了。」

這並不是一、兩天的事，而是要專心堅持一年、兩年，甚至更久。

如此一來，即使女兒不去上學、一整天都在家打電動，我仍覺得她惹人疼愛。

當我的想法有了這樣的轉變，自然也比過去更能喜歡自己。

醫師媽媽的叮嚀

別讓孩子看父母的臉色，讓他們掌握自己人生的方向

孩子的心聲 39

我就是會在意爸媽的看法啊！

親子之間也需要保持適當的距離

我的診所開業至今已經三年了，我與父母的關係也趨向穩定，母親還會幫忙照顧和接送女兒們。

對此，我十分感激，但同時也會注意不要因此讓自己與母親距離太近。

我的母親用情甚深，凡事都會操心過度，我得保持適當的距離，才有辦法溫柔地對待她。

雖然要依程度而定，但我認為，如果因父母的言行舉止而感覺精神緊繃的話，即便對象是親人，也可以選擇不見面、不連絡。

儘管很多人都表示，沒辦法對父母那麼絕情，但若是一直以來都在受苦的人，請務必先珍惜自己。**最重要的，是擺脫「應當如此」的價值觀，先學會以客觀角度看待自己與父母的關係後，再找出對自己來說最舒適的親子距離。**

與父母之間有心結的人，往往會不斷追究父母的責任，認定「我會變成這樣子，都是爸媽的錯」。

在梳理自己的情緒時，為了理解自己，的確有可能解釋成「畢竟我是這樣被養大的，難免會有這種想法」，但我並不建議各位把人生耗費在怨恨父母上。

父母也會受自己父母的影響，祖父母又會受自己父母的影響……如果要這樣一一追溯起來的話，簡直沒完沒了；況且時代背景也是個很重要的因素。

重點不在於找出誰對誰錯。為了分析「我」這個獨立個體的心理，我建議各位在冷靜審視親子關係後，先別管自己到底受誰的影響，而是思考「今後我該如何活下去」。

再回到父母的評價。基本上，孩子都會因為父母對自己有所期望而開心，一旦得到讚美，就會感到驕傲。

因此，孩子對父母察言觀色未必是壞事，但若是滿腦子只在乎父母的看法，那就要小心了。

身為母親，我也會經常反省自己愛孩子的方式是否恰當、是否試圖控制孩子，好讓自己提高警覺。

醫師媽媽的叮嚀

請經常反思自己愛孩子的方式是否恰當

第6章

爸媽，請你們接納我

孩子的心聲 40

爸媽只會在我聽話時才稱讚我

「稱讚」有時暗示著地位的高低

「考這麼高分好棒喔，下次也要加油喔。」

小時候的我是聽著母親這句話長大的。

被母親誇獎讓我非常高興，容易得意忘形的我，甚至有一段時期以為自己「搞不好是天才」。

然而，好景不常。

當成績一落千丈、聽見母親說「下次多用心點，你明明就很會念書」時，我除了為自己沒能提高成績而羞愧，也漸漸感到痛苦。

父母會藉由稱讚、期許來操控孩子。

嗯……正確說來，基本上，沒有哪個大人打從一開始就抱著控制的想法去稱讚孩子；只是一開始為了幫助孩子成長、為了孩子好所做的事，最終卻形成了控制關係。

為了促進孩子對是非判斷的理解，引導他們注重並做出良好行為雖然也很重要，**但是當孩子成長到某個程度、有能力判斷是非後，父母就應該小心「稱讚」的使用。**

尤其是，**只在孩子滿足父母的期望時稱讚，否則就不稱讚，會在不知不覺間形成利用「是否給予讚美」**來控制孩子的機制。

此外，稱讚這種行為，也帶有上位者評論下位者的意涵。

即使父母自己沒有那個意思，但讚美還是有可能造成孩子的精神負擔，孩子本身也會在意父母的稱讚。一旦「為了得到父母稱讚才想行動」的動機優先於內在「想做某件事」的動機——也就是將「外在動機」視為比「內在動機」更優先的話，就需要擔憂了。

不過身為父母，當孩子做到某些事時，難免會想稱讚他：「好棒喔，你真的很努力！」

這種時候，我們可以**改用「佩服」來表達**。

如果你覺得孩子做到的事情很厲害，請不要用上位者的口氣評論，而是以對等的態度告訴他「你好厲害」、「太好了」、「你做得好漂亮喔」，來表達自己的佩服之意。

據說日本前四百公尺跨欄選手為末大，每次在比賽中拿到優異成績時，母親都會用佩服來代替稱讚。

他曾在部落格文章裡談到自己的母親，內容非常有意思，這裡請容我引用幾段來自部落格網站「note」的文章。

「比方說，國中時，我在全國大賽拿到冠軍。回家後，媽媽並沒有稱讚我『做得好』『好棒喔』，而是說『你可以做到這種程度，真厲害呢』。我印象最深刻的是，她不會誇我或罵我，而是把我當成一個獨立的人，全心全意地對我的成就感到佩服。」

「我是被一個會佩服我的母親養大的。要說這有什麼好處，就是我在下定決心時，從來不必在乎母親的想法。」

「我從來不會為了得到母親的稱讚而努力，我只是因為自己想努力才努力。」

（摘自 Dai Tamesue 為末大 note〈佩服〉，二〇一五年三月六日」）

當我們佩服某人時，表達的是「尊敬」的意念。

即使對方是個孩子，請坦率地對你覺得他做得好的部分表示敬佩和尊重。

我認為在親子關係裡，這種態度也很重要。

醫師媽媽的叮嚀

親子雙方都是獨立的個體，要以對等的態度相待

孩子的心聲 41

父母的期望太沉重了

與其給予期望，不如為他打氣

重視教育的家長經常會對孩子說：「我對你有很高的期望。」但事實上，這種期望很可能會在不知不覺中束縛孩子。

看起來，「父母對孩子有所期望」似乎沒有什麼問題，或許也有人認為，比起對孩子完全不抱任何期待，當然還是寄予期望比較好。

但是，**有期望，就代表當它無法被滿足時，寄予期望的這一方可能會感到失望**。對孩子來說，無法滿足父母的期望，會讓他們產生「爸媽可能會拋棄我」的擔憂。

因此，我認為**比起「期望」，站在「支持」的立場會更好。**

「我對你有期望」這句話裡，隱含著說話者內心的理想和希望，也就是將這分心思硬塞給對方。如果自己的理想和希望無法實現，說話者就會覺得「遭到背叛」或「失望」。

然而父母要是自顧自地寄予期望，又自顧自地失望，只會讓孩子覺得這分心意沉重到無法負荷。

另一方面，**「我為你加油」或「我會支持你的」這樣的話，則能凸顯對方才是主角**，所表達出來的，是說話者在一旁守護、聲援的感覺。

因此，我並不會對自己的孩子說「媽媽對你有期望」，而是會說「媽媽會一直為你加油」。

前來看診的孩子或學生患者，在面臨考試或求職就業的關頭時，我都會告訴他們「醫生也會為你打氣喔」。

以前我在 YouTube 頻道談起這個話題時，曾有人問我：「孩子不能罵、不能稱讚、不能期待，意思是父母最好什麼都不要做嗎？」

事實上，就算父母什麼都不做，光是帶著笑容陪在孩子身邊，就是比任何舉動都更有力的支持。

儘管是親子關係，但我仍希望各位能建構出一段沒有地位高低之分、把對方當成獨立個體互相尊重的關係。

醫師媽媽的叮嚀

▼

不要用父母的期望來操控孩子

孩子的心聲 42

我什麼都不會，活著有什麼用？

人的「價值」是什麼？

成績好會得到誇獎，成績差就會挨罵，長期下來，會讓孩子被別人的看法和價值觀牽著鼻子走，無法接納自己原本的樣貌；而且只要一發生什麼事，孩子就會覺得「我果然很沒用」，自信心開始動搖。

明明還是尚未出社會的孩子，要是他們在這時候就得一直為「我是不是沒有活著的價值」煩惱，就無法從各種挑戰和失敗當中學到教訓、逐步成長。

因此，希望各位家長能讓孩子明白一件事：「就算什麼事都做不好，也不代表你這個人沒有價值。」

不必很會念書才有「價值」，也不必比別人出色才有「價值」，**接納孩子的存在本身，就是讓孩子有動力活下去最重要的事。**

某天，一位就讀國中的男孩由母親陪同前來看診。他表示，自己擔心「可能會吐出來」、「要是吐了怎麼辦」，因此吃不下學校的營養午餐。

事實上，他並沒有真的吐過，只是他太害怕自己會這樣，尤其是當眾嘔吐。這稱為「嘔吐恐懼症」，是一種焦慮症。

這孩子在學校參加籃球隊，但因為無法正常進食，使得體重逐漸下降，母親這才著急地帶他就醫。

我在診察時，注意到這位母親對待孩子的方式。

她是很容易焦慮的類型，事事都要操心，還會不斷逼問孩子：「你還好嗎？今天有沒有吃營養午餐？吃了多少？」

不僅如此，她還會關注孩子沒做好的地方，不論是孩子上學前的準備，或是平常的功課，什麼都要一一過問，否則就無法放心。

但是，看到母親總是焦慮地問東問西，會讓孩子也跟著開始擔心起他原本並不在意的事。

比方說，喜歡獨處的孩子要是被母親不斷追問：「你下課時有沒有跟同學玩？有沒有被排擠？你都跟誰一起玩？那個同學很乖嗎？他有沒有欺負你？」你覺得這孩子會有什麼感覺呢？

另一方面，會這樣問，代表母親內心隱含著「孩子必須跟其他人和睦相處」的定見與焦慮心態。

由於這名男孩在體能和精神上的負荷都很重，因此我建議他暫停社團活動。沒想到聽到這些話，母親的表情比他還凝重。

這位母親大概是覺得，兒子已經努力到能打得一手好球了，現在放棄的話，他還剩下什麼呢？要是放棄了，就無法以選手的身分上場比賽；要是請假休養，更有可能再也回不去……這使她內心的憂慮急速升高。「這樣的話，這孩子以後要靠什麼活下去？」她這樣問我。

這孩子不是因為籃球打得好才有價值。

就算真的是這樣好了，他應該還有其他很多價值，但母親卻焦慮到彷彿兒子再也無法打籃球似的。

更何況，我的意思並不是要他這輩子都別想再打籃球的事，而是既然他現在身心俱疲，不妨考慮先休息一陣子。

先休息一陣子，**冷靜地綜觀整體，才能看清狀況**。這一點非常重要。

在精神或心理疾病的康復過程中，「欲速則不達」這句話經常能發揮強大的力量。比起擔心「生病的自己什麼都做不好」，因此急著趕快康復，不如接受自己的病情，告訴自己「世事難料，不如趁現在好好休息」，反而恢復得更快。

父母越是焦急，孩子的情緒可能恢復得越慢

孩子會因為各種狀況而無法上學。

比起急著要讓孩子盡快回到學校的家長，心平氣和地認為「人生難免會有這種時候，等你想去的時候再去就好」的家長，大多能讓孩子更快回歸校園。

父母越是焦急，孩子恢復的速度反而有可能越慢。

在前面提到的這個案例裡，只要時間允許，我會盡量跟那位母親深入談話，反覆試著將她內心的不安轉化為實際的語言，除了幫助她具體掌握這些焦慮的樣貌，也好安撫她著急的心情。

最後，那位母親漸漸不那麼焦慮了，孩子也慢慢恢復到可以進食的程度。

由此可見，最重要的還是**接納孩子的存在本身**。

孩子不是因為能做什麼才有價值，不是因為能夠努力才有價值，也不是因為

他總是乖巧聽話才有價值，我希望做父母的都能認同，孩子光是待在那裡就很有價值。

醫師媽媽的叮嚀

要讓孩子好好活著，最重要的是接納他的存在

孩子的心聲 43

對不起，我不是你們想要的小孩

當期待不知不覺變成壓力

生下大女兒後不久，我曾帶著她移居美國一段時間，在那裡，我經常聽到一句話，就是當地父母經常告訴孩子的「I'm proud of you」（我以你為榮），也是我很喜歡的一句話。

在美國，就算是規模再怎麼小的表演或成果發表會，也能看見父母笑容滿面地跑到孩子面前，告訴他：「I'm so proud of you!」

剛開始聽到這話時，我不免覺得「這也太誇張了吧」，動不動就說「以你為榮」、「為你感到驕傲」什麼的，不會用得太浮濫了嗎？不過在美國，這句話其實是用來表達「你好厲害喔！」、「我也為你高興」，是非常慣用的說法（就算對象是普通朋友也能用）。

我感覺這句話裡隱藏著「不論結果如何，我都認可你的努力，接納你的存在本身就是價值所在」的意思。

很顯然的，亞洲父母不太會把這種話掛在嘴邊。

自己的孩子當然很珍貴，不過大部分家長可能都以為「這種事就算不說出口，孩子也會懂」。事實上，就算是「理所當然」的話，孩子親耳聽到時還是會很開心、覺得安心，也會湧現更多活力。

一位母親聽到我提起這件事後，決定鼓起勇氣試試看，於是趁著某次機會當面對孩子說：「媽媽最珍惜的就是你們。」

沒想到，她的孩子們很驚訝地說：「咦？真的嗎？媽媽你說的是真的嗎？」露出非常開心的表情。

那位母親似乎也嚇了一跳。後來她告訴我：「我原本以為這種事很正常，不需要特別說出來，沒想到他們會這麼高興！」

接納孩子的存在本身，讓他們知道，光是活在這個世界上，就是父母莫大的幸福。

父母的這句話，能讓孩子相信自己的存在無可替代。

我也會每天對兩個女兒說「可以當你們的媽媽，真的好幸福喔」、「你們很重要」之類的話。

孩子們似乎覺得我有點煩，總會隨口打發我：「好啦好啦，知道了。」但還是會露出開心的表情。

當然，或許有人覺得，突然要對孩子說這種話，實在太難為情了，遲遲說不出口。

若是如此，也可以用適合自己的說法來表達。只是無論如何，都希望各位能對孩子表達出「I'm so proud of you」（我以你為榮）的心情。

如果實在說不出口的話，也不一定非要用口語來表達。

有位母親寫信告訴念高中的孩子「你能誕生在這個世界上，讓我非常幸福」，孩子的反應有些害羞，卻也充滿藏不住的高興。

不必等到孩子付出努力後，才稱讚他「你好棒喔」、「真了不起」。就算是尋常日子裡，也請試著讓他知道，自己的存在對父母來說有多美好，多值得驕傲。

醫師媽媽的叮嚀

請告訴孩子「我以你為榮」

孩子的心聲 44

無法去學校上課的我是不是很沒用？

不管能不能上學，你的價值都不會改變

我的診所裡，有許多無法上學的孩子和家長前來看診。

以日本為例，拒絕上學的中小學生越來越多，二〇二二年度來到史上最高峰，約有三十萬人。

帶著拒學兒前來診所的家長，幾乎都不明白孩子為什麼沒辦法上學，不斷煩惱著該怎麼做才能讓他們踏進學校。

不過，關於這件事，目標真的是讓孩子「去學校」嗎？

雖然每個家庭的考量各有不同，這件事也不是只有一個答案，但面對拒學的孩子，我都會在他們第一次來看診時先告訴他們：**「不管你最後有沒有辦法去學校上課，你的價值都不會改變喔。」**

壓根沒有「有辦法去學校才叫有用，不然就是沒用」這種事。不管有沒有辦法去學校上課，身而為人的價值都不會改變。除了孩子們，我也希望家長都能明白這一點。

我自己也在經歷許多矛盾和苦惱後，才終於悟出這個道理。

一開始，剛進入小學的大女兒還能很平常地去上學。

大概過了兩個月吧，她開始抗拒去學校。一到了上學時間，要不就是拒絕出門，要不就是身體突然不舒服，也就是出現所謂的「拒學」現象。

即使如此，我或母親仍每天送她上學。

升上二年級後，儘管女兒有時仍願意去上學，但請假的日子卻越來越多。

這種斷斷續續上學的情況持續了一到兩年，三年級念了一半後，她便再也不願意去學校了。

說實話，在她那段要上學不上學的日子裡，我心裡確實多少還會抱著期待「她還是有辦法去學校嘛」、「只要她願意上學就好了」。畢竟我是單親媽媽，還需要工作，如果孩子不去托兒所或學校的話，我就無法上班了；更何況，根本不可能讓只有七、八歲的女兒獨自看家（現在我倒是會請母親來家裡幫忙顧孩子）。

我原本也有「上學是理所當然」的觀念。

但大女兒卻會對「第一次遇到」的場所和人產生嚴重的焦慮，從幼兒園時期開始就有難以融入團體生活的狀況。

我覺得她還能順利進入小學就讀已經算是奇蹟了，所以當我看到她在入學後的前兩個月都還能如常上學時，便覺得「這樣下去應該沒事了」。

此外，雖然現在的我已經知道，除了學校以外，還是有許多地方能接納拒學的孩子，但當時的我對此一無所知，所以始終認為「一定要去學校才可以」。因此，我曾像許多家長一樣，為了孩子拒學的事暗自啜泣。

抗拒上學，最痛苦的其實是孩子自己

我曾問過大女兒為什麼不肯去學校，但她只說「我會怕」，無法具體說出究竟是怕誰或怕什麼。於是我只能想像，她應該是隱約對陌生的環境感到恐懼吧。

由於她表現出非常難受的樣子，所以我並沒有再追問下去，我想很多家長也應該都會對此感到困惑吧。

所謂的「困惑」，是指孩子經常會在前一晚表示「明天我要去學校」，可是到了隔天早上，又反悔「我不要去」。

一到了早上，孩子的表情就變得陰鬱，或是突然肚子痛，或是沒有動力去學校，完全無法踏出家門一步，最後說「還是不想去」。家長難免因此質問：「你昨天明明說要上學不是嗎？」、「你在說謊嗎？」並經常因此發展成親子爭吵。

談到「說謊」，以前曾有家長為了「孩子會若無其事地撒謊」而傷透腦筋，於是帶著孩子來看診。

孩子之所以撒謊，有可能是因為他還太小（比方說，還在念小學低年級，思考和語言發展還不是很完全），無法好好表達自己的想法；但也有孩子因為害怕父母生氣，只能選擇撒謊。

不要只因為孩子說話前後矛盾，或是語焉不詳，就認為他在說謊，並糾正他「不能騙人」。

前一晚還說著「明天要去學校」，隔天早上卻說「還是不想去」——我也曾因為大女兒的出爾反爾必須臨時調整工作，覺得很不高興。

事實上，這些無法上學的孩子們並不是在撒謊。前一晚是真的想上學，但到了早上也確實沒有動力去學校，這種情況的確有可能會發生在任何人身上。

某天早上，大女兒照樣不肯去學校，看到她哭喪著臉，用非常微弱的聲音問我：「媽媽，你在生氣嗎？」我才恍然大悟。

最痛苦的明明是她，我卻因為無法上班，而以不耐煩的態度繼續逼迫她。一想到這裡，我便覺得對她好抱歉，眼淚流個不停。

就算我是精神科醫師，在面對孩子拒學的那段時期，仍然非常痛苦。

經常有人問我該怎麼解決這個問題，但說實話，我並沒有「保證能讓孩子去上學」的特效藥。

我只能肯定地說，當父母為這件事受苦時，孩子自己也在受苦。

人在無法預見未來的狀態下會感到焦慮，所以我能切身體會各位父母想找出原因和解決方法、幫孩子解決問題的心情。

但拒學並不是那麼單純的問題。因為主因很可能不只一個，像是孩子面對外人時容易緊張、不適應團體生活等，很多都與孩子本身的個性有關。

以我女兒為例，她後來被診斷出有發展障礙；但就算有發展障礙，其特質與個性也都會因人而異，無法一概而論。

因此，就算找不出原因、不知該怎麼解決，我還是想請各位父母記住一件事：**請以陪伴焦慮的孩子、讓他覺得安心為最優先。**

醫師媽媽的叮嚀

同樣是拒學，原因、狀況和改進的目標也有百百種

孩子的心聲 45

請不要討厭不夠努力的我

「努力」的意義

有些為了孩子拒學而煩惱的家長會這樣說：

「我希望他至少可以努力去學校。」

我明白這種心情。

這樣的父母多半是擔心「要是孩子一直不去上學，將來該怎麼辦」。我也很能理解這種一籌莫展的心情，但如果當著孩子的面這樣說，會讓孩子認為自己是「無法努力的人」、「不夠努力的人」。

偏偏這些拒學的孩子，經常因為自己什麼也做不好而感到無力，或是覺得自己造成父母的困擾而抱歉，要是再親耳聽到父母說自己「不努力」，孩子就會漸漸失去在這個家的歸屬感。

此外，從父母的角度來看，或許會覺得孩子沒有努力，但孩子可能正在用自己的方式努力。

舉個例子，看在一般人的眼中，我的大女兒或許一點都不努力；但是對有發展障礙的孩子來說，必須花費更多力氣，才能像「普通人」那樣「正常」生活。

因此，光是她能活著，已經非常努力了。

每個人都不同，每個人所認為的「正常」都不同，「努力」的意義自然也不同。至於我的看法，則是「每個人都不一樣，每個人都很好」。

對孩子付出無條件的愛

當然，父母就是一種會為了孩子的成長而欣喜的生物，因此我明白他們希望自己的孩子盡可能努力與成長的心情。

但就像前面所提過的，如果孩子是為了滿足父母的期望才努力，那就不妙了。當孩子滿足了父母的期望，就會獲得「你很努力呢」的稱讚；但要是無法滿足父母的期望，就得承受「你還不夠努力」、「要繼續加油才行」等話語的逼迫。

這種情況一旦持續下去，孩子的內心就會充滿罪惡和苦悶。

請別在孩子無法努力時責備他，如果父母能讓孩子知道「不努力也沒關係」、「就算不努力，你仍是很重要的存在」，想必能讓孩子如釋重負。

我認為，孩子只要盡量為「自己想做」的事努力就好了。

我並不是要否定努力這件事，而是想支持孩子自己想做的事。只不過，我會讓孩子知道：「你能這麼努力真的很厲害，但就算你不努力，你依然是媽媽最重要、最心愛的孩子」。

希望父母們能多多告訴孩子，我們愛他，不是因為他能為什麼事努力，而是因為他的存在對我們而言非常重要。

我會對前來看診的孩子說：

「不管你有沒有辦法去學校，你的價值都不會改變；就算你沒辦法上學，你依然是個很有價值的人。」

許多家長跟孩子聽到這番話，都會默默落淚。這一刻總讓我覺得，孩子固然很難受，家長也很辛苦啊。

拒學不是光靠孩子就能處理的問題，家長的支持也很重要。如果你是一個人默默承受、拚命想找到問題根源的父母，我想告訴你：

「你能努力到現在，真的很厲害。你一定很難受，覺得很辛苦吧。事實上，這既不是你的錯，也不表示你是失格父母。沒有人規定不懂的事一定要弄懂才行，無論如何，你一定要安排時間排解自己的情緒喔！」

醫師媽媽的叮嚀

請告訴孩子，不管他努不努力，他的價值都不會改變

孩子的心聲 46

不要擺出一副什麼都懂的樣子

孩子心中自有「人生的答案」

你覺得自己「很了解自己的孩子」嗎？

有時候，我會遇到這麼說的家長：
「我的孩子在想什麼，我全都知道。」
「沒有人比我更了解這孩子。」

我認為，父母能以這樣的自信面對孩子，並費盡心思養育他們，是非常棒的事；但反過來說，自認為對孩子無所不知、認為孩子對自己毫無隱瞞，這種想法其實非常危險。

教養有太多事情是沒有正確答案的。

有些時候，我們確實有必要找些理由來合理化孩子的行為；但承認自己不明白孩子為何會做出那樣的舉動也很重要。

畢竟，父母跟孩子各自擁有獨立的人格。

就算是面對相處多年的另一半，有時也很難理解對方的一切，因此，要理解孩子的一切是不可能的。尤其是自認完全了解孩子的家長，特別容易在孩子做出無法理解的行動時感到焦慮。

不懂的事就這樣繼續不懂也沒關係。別太想掌握孩子的一切。

不是

不懂→焦慮→恐慌→得想辦法才行！

而是

不懂↓能透過孩子讓我體驗到以往不知道的事↓太感謝了！

這是教養上很重要的觀點。

有時候，這分焦慮可能來自於孩子拒學，或是在父母眼中「不太對勁」的行為，或是其他各種無法預料的狀況。

教養就是會發生許多無法預料的事。

父母跟孩子是不同的個體，因此不需要為彼此的差異感到焦慮。請換個角度，把它當成全新的體驗或新價值觀的發現，好好享受。

別為自己不懂而焦慮

有些家長會因為「我不懂孩子在想什麼」而過分焦慮；也有來到診間的母

親，因為對孩子完全不了解而自責。
但前面提過，就算真的能找到一個孩子拒學的理由，也還是有很多不確定的部分，因為理由通常不會只有一個，況且孩子可能也不清楚自己為什麼會這樣。
首先要做的，是放棄想追根究柢的念頭。接著，請家長不要為了「我不懂孩子在想什麼」過度焦慮。
越認真的人越容易鑽牛角尖，而且就算父母再怎麼自責，也無法解決問題。如果父母總是一臉凝重，一副天要塌下來的樣子，反而有可能讓孩子越來越難受。
現在已有許多諮商和諮詢機構可以提供必要的協助，希望家長們能在使用這些資源的同時，也盡量相信孩子、陪伴孩子。
當然，我們是人，因此我不會一開始就呼籲這些家長別焦慮。
然而與此同時，也請放下「自己一直以來的價值觀都正確無誤」的成見，不是一味思考「事情為什麼會變成這樣」，而是想想：「我真的是在為孩子感到焦慮嗎？自己的什麼價值觀或想法讓我這麼焦慮？」

我並不是打從一開始就能坦然接受女兒拒學的事實。曾有一段時間，我滿腦子盡是「為什麼只有我女兒會這樣？」的疑問，焦慮到差點崩潰。

身為母親，竟然不知道孩子拒學的理由，實在太丟人了，哪有資格當人家的媽媽？別人一定認為我沒有好好了解自己的孩子吧，說不定還會覺得「單親媽媽果然沒辦法照顧好孩子」……我當時的心情就是這樣。

同時，我也擔心有些人會認為：「明明是個精神科醫師，卻連讓自己的小孩去學校都做不到嗎？」

如今回想起來，我真的對女兒感到很抱歉，她明明沒有做錯任何事，我卻只想著自己的面子，真的太沒禮貌了。而且就算是精神科醫師，也不可能完全看透人心。

即使是現在，也不可能找出能百分之百解釋孩子為何拒學的正確答案。但我認為，找不到也沒關係。**因為我發現了比尋找答案更重要的事。**不懂的事就讓它繼續不懂，不要為不懂的事過度焦慮，不要花太多心思尋找答案，這些都是在教養時必要的技能。

孩子人生的答案就存在他們心中，這是孩子自己要去發掘的東西。

請記得，父母的角色是在一旁守護與支持。明明是配角，卻為了想找出未知之事的原因而張牙舞爪、露出猙獰的表情，看到這樣的父母，孩子將做何感想呢？

醫師媽媽的叮嚀

不要過度探究自己不懂的事

孩子的心聲 47

不要為我的人生決定「正確答案」

即使是拒學的孩子，仍有八成能找到自己的歸屬

雖說現在是少子化的時代，但拒學的孩子卻逐年增加——以日本的定義來說，所謂的「拒學」，是指除了生病、受傷、經濟等理由外，一年內缺課日數達三十天以上。

我的診所也會出現許多為了「孩子不肯上學」而煩惱的父母。對於認為「孩子就應該要去學校」的家長來說，當然會為孩子不上學而感到焦慮非常。

前面提過，在女兒出現拒學現象後，我並非完全不擔心她將來該怎麼辦。畢

竟與能去上學的其他孩子相比，女兒將來很可能無法自力更生。

但孩子並不是從某一天開始突然完全不想去學校。有時候會去，有時候不去。大概這樣斷斷續續維持了半年到一年左右，才逐漸變成完全不上學的情況。

事實上，也不是所有拒學的孩子都會繭居在家，足不出戶。根據日本文部科學省（類似臺灣的教育部加文化部加國科會）的調查，國中時期拒學的學生，約有八成在年滿二十歲後會選擇升學或就業。可見即使有拒學的經歷，大多數的孩子還是能在社會上找到出路。

這才讓我思考：孩子拒學時，父母能做什麼？

我想，父母不需要因為孩子無法上學而過度焦慮，首先要做的，是貼近孩子的心情。

孩子會自己建立「正確答案」

另一方面，就算不願意去學校，現在的孩子所擁有的選擇也遠比我小時候多得多，有不少還是來談者告訴我的。

有位家長說，原本拒學的孩子後來進入有電競專班的高中就讀。沒想到現在居然有這樣的學校，我不由得心生雀躍。

所謂的「電競專班」，是以培育職業電腦遊戲玩家、遊戲設計師、遊戲評論家等電子競技人才為主的班級或科系。聽那位家長說，不只是本來就很愛打遊戲的孩子本人，同樣喜歡電玩的父親也興致勃勃地一起去參觀學校。

家長願意積極與孩子同樂，並一起思考自己小時候沒有、現在才出現的全新出路，這種心態能讓隱約對將來感到不安的孩子放心。

我曾在大女兒拒學時，從各種不同觀點反覆自問自答：「學校是什麼？」、

「工作是什麼？」、「教育是什麼？」、「教養是什麼？」、「母親是什麼？」「練習與自己對話」）。

我也回顧了自己的價值觀，重新審視了自己的所有觀點（也就是前面提到的

於是，我不再將自己的價值觀套用在孩子身上，而能重視女兒的感受，想幫助她培養出屬於她自己的價值觀，幫助她將自己的色彩塗抹在人生畫布上。

最後，我得出的結論是「只要這孩子能笑著度過每一天就好了」，心情變得輕鬆許多。

當然，我仍覺得上學能獲得許多經驗和好處。

大女兒現在是透過線上課程學習，由於沒有實際與同齡的孩子往來，因此我並非完全不擔心這件事對她將來會有什麼影響。

但不知道為什麼，我一點也不著急。

儘管她不去學校，但我和她每天都過得很快樂。

請包容孩子做不到的部分。不要單方面認定他得做到什麼才有價值，否則就是沒用。

我認為，這是有關心理健康最迫切需要建立的觀念。我也從患者身上和自身經驗中深深體會到這一點。

沒有人知道人生的「正確答案」。

畢竟仍有拒學的孩子並未繼續升學或就業，而我這個母親也無法預料大女兒的將來會如何。

只是，既然去學校會讓她身心俱疲，那麼我想把目前的做法當成「正確答案」來看待。

最重要的是，往後我也想繼續活出自己認為是「正確答案」的人生。

我至今仍不知道什麼才是人生的正確答案。

嗯，就算不知道也沒關係。

當我在臨終前回顧人生，若能覺得「人生真美好啊」，應該就算是正確答案了吧。

醫師媽媽的叮嚀

既然沒人知道什麼是人生的「正確答案」，不如把「孩子的選擇」當成正確答案

孩子的心聲 48

當我的爸媽壓力有這麼大嗎？

什麼是父母最重要的職責？

我曾遇過一位帶著兒子前來看診的母親。這位母親不論是家事和孩子的教養，都力求面面俱到，是個「努力做個好媽媽」的類型。雖然她自己認為做得好是應該的，卻又總是莫名焦慮。

這位母親相信，由於自己是家庭主婦，所以必須把家事做到盡善盡美，孩子的教養也要滴水不漏，否則就等於是個沒用的人。

但是對孩子來說，不管有沒有好好打理家裡，只要父母陪在他們身邊，就能讓自己覺得安心。

不需要覺得自己非得當個好爸爸／媽媽才行。

在診間接觸過許多家長跟孩子後，我發現，許多家長（尤其是媽媽）都認為，身為父母，為孩子付出是天經地義的。

「我這個當爸／媽的要振作一點」、「畢竟身為父母，必須為孩子付出」，他們總給我一種「不知道在急什麼」的感覺。

我也經常告訴這些家長：

「這位爸爸／媽媽，真的可以不用這麼心急。只要帶著笑容，情緒穩定地陪在孩子身邊，他就會覺得安心。」

曾有位母親對我訴苦，說她花了一、兩個小時做高麗菜捲，結果全家沒有人為此感到開心，讓她非常難過，甚至產生「我活著到底是為什麼……」的想法。

我可以同理她的心情。費盡心思的手作料理竟得不到任何人的肯定，的確會讓人悲從中來。但與其要求自己當個「好母親」，並因此總是匆匆忙忙、精神緊繃，或因為不滿意家人的反應而難過的話，不如改做懶人料理、購買現成的菜餚或速食，帶著「偶爾吃吃也不錯」的想法，和全家一起開心享用，孩子反而更能覺得安心。

許多家長為了當個「好」爸媽，為了「我得好好把孩子扶養長大才行」，或是費盡心思製作營養均衡的餐點，或是考慮讓孩子進入名校就讀，卻反而容易因此變得嚴厲。

一邊是覺得自己不夠「好」而苦惱焦慮的父母，一邊是懂得適當偷懶、不過度強迫自己，又能開心哼著歌的父母，你認為哪個家庭更能讓孩子覺得安心呢？

孩子的問題不只是他一個人的問題

假設孩子正為了某些事煩惱，此時固然需要仔細聆聽孩子的想法，父母本身的改變也很重要。

我遇過一位硬拉著孩子前來就診的母親，她就是認為「煩惱的人才需要解決問題，我一點問題都沒有」的類型。

直到我透過提問、仔細了解他們的狀況後，她所堅持「必須當個好媽媽」的信念才慢慢瓦解。

最後，那位母親的焦慮減輕了，對待孩子的方式也跟著變了；她的心理負擔降低了，孩子遇到的問題也慢慢獲得改善。

孩子的問題往往不只是他一個人的問題。當父母不再那麼焦慮、改變自身的觀點和對待孩子的方式，孩子也往往會跟著有所轉變，並讓狀況好轉。

醫師媽媽的叮嚀

不需要拚命當個「好爸媽」

孩子的心聲 49

每天都有一堆事要做，好痛苦

孩子越大，父母的願望就越多

仔細想想，「父母」還真是一種難以滿足的生物。

孩子出生前，都會希望「只要他能平安生下來、健康長大就夠了」；但等到孩子出生後，光是「健康長大」已無法滿足父母，於是開始要求孩子做得更多：要有禮貌、房間要整理乾淨、快去念書、跟朋友好好相處、努力練鋼琴……

基於「這孩子應該能做得更好」的期待，父母往往會在學習、運動、生活等各方面要求孩子做得更多更好。

身為父母，對孩子抱有期待、希望他們成長茁壯是天經地義的事。但這種想法要是太過強烈，就會在不知不覺中變成沉重的壓力，令孩子苦不堪言。

請各位父母回想一下。

孩子剛出生時，那種感激孩子能來到自己身邊的喜悅。

單純希望孩子能平安長大的慶幸之情。

就算只是偶爾也好，如果身為父母的我們都能回想起當時的自己與心情，或許就能更放鬆一點，更純粹地去愛自己的孩子。

「謝謝你來到我身邊」

我曾在診間遇過一位二十多歲的年輕女性，她成長在一個非常重視教育、嚴格到簡直可說是「教育虐待」的家庭裡，一直以來都會用美工刀自殘。

當我告訴她「你一直承受這種痛苦，卻拚命活到現在，真的非常努力。謝謝你今天願意來找我」後，沒想到她哭著對我說：「醫生，你讓我過去陰暗的人生有了一絲希望。」

自己的存在獲得接納，讓那孩子覺得人生有了希望。

當下，我十分慶幸自己成為精神科醫師；同時也再次體認到，對孩子來說，自己的存在能否獲得父母的接納有多重要。

如果家人無法做到這一點，我希望自己的診所能成為讓更多孩子感到安心的場所，或是能接納他們存在的地方。

醫師媽媽的叮嚀

請回想一下孩子出生時的喜悅

孩子的心聲 50

人生很開心嗎？

請讓孩子明白「人生很美好」

父母所能做最重要的事，就是告訴孩子「人生很美好」。

小時候，母親常告訴我：「要是考不上好大學，就會被別人看不起。」、「要是不好好念書，以後日子會很慘喔！」當時的我聽到這些話，以為全世界都是這麼想的，忍不住覺得「人生好辛苦，好不想長大」。

現在的我，想法已經不同了。

雖然母親這樣告誡我，但這個世界上依然有很多愛和溫柔，人生也有許多美好的地方；話說回來，這些也都是母親讓我體會到的。

我的父母本來就是很有愛的人。

雖然母親在教育方面很嚴厲，但出發點仍是對家人深切的愛，而且除了成績和分數之外，任何事情都可以商量。

我也曾有一段「亂七八糟」的時期，把人生搞得一團亂。但儘管如此，之所以能養成正直、坦率又討喜的性格，必定要歸功於我的父母。

人生不會因為不念書就完蛋，也不會因為不去上學就畫下句點。只要能在成長的過程中培養各種經驗，在挫折中慢慢茁壯就好。

人只要活著就很棒了。

我希望各位父母一定要讓孩子明白這件事。

孩子的存在本身才是最珍貴的。這個世界雖不完美，但仍充滿了愛與溫柔，人生在世也有許多美好之處。

請把這些訊息傳達給孩子們，也請盡量放下自己的執念，別忘了：只要陪在一旁，就能讓孩子覺得安心。

醫師媽媽的叮嚀

不必非得給孩子什麼不可，最重要的是帶著笑容陪伴孩子

用愛與理解照亮生命之路

首先，感謝各位閱讀到最後。

其實我的文筆不好，掌握詞語的能力也不佳，還以為自己一輩子都不可能寫書。直到某次，一位平素很敬重的熟人出版了新作，在新書出版紀念派對上，我才突然冒出「我也想寫書」的念頭。

我的個性就是衝動又欠考慮，只要有想做的事就會去做，所以我開始四處尋找出書的可能性，最後有幸得到這個出版的機會。

……人生還真是難以預料啊。

我在 YouTube 和 Instagram 等社群網站上所傳遞的資訊大多是關於「發展障礙」的，因此我理所當然認為或許會有人想讀有關「發展障礙」的書。

不過，我特意以「親子關係」為主題，而不是發展障礙，毫無疑問的，是因為我自己曾有一段為此掙扎痛苦，甚至想就這樣消失的過往。

即使如此，我仍想辦法活了下來，直到年滿四十歲的現在，才終於感受到自己有辦法開始攀爬這座人生的高山。

多虧一路上認識的所有人，我才能產生這種想法。

我還記得，自己是在小學高年級左右，開始對「活著」隱約產生疑問。

我至今仍不知道這個問題的答案，但現在的我認為，就算不知道也沒關係。

我不再為自己不懂的事情焦躁，心態上或許更接近「不需要知道活著的理由也無妨」的程度。

每天都有患者帶著「活著好痛苦」的悲傷，淚流滿面地前來就診。

比我優秀的精神科醫師多的是。當我思考「為什麼患者選擇來找我」時，心想也許是因為我一看就是個「不完美」的醫師，才反而讓他們覺得很輕鬆吧。

正確的診療固然重要，但所謂的「正確」有時卻會令人備感煎熬：人生在世，就是有無法「以正確的方式活著」的時候；畢竟人類就是這樣嘛。或許因為我是這樣活過來的，才能幫上患者的忙吧。

應該也有患者覺得我這種醫師不可靠。那是當然的，畢竟不是每個人都合得來。因此，不管是遇到覺得你很好的人、你覺得他很好的人，或是能讓彼此覺得放鬆的人，請珍惜這些緣分。

至於與自己合不來的人，或許能與其他人相處融洽，因此也請各位帶著誠心，希望每個人都能與合得來的人愉快地度過每一天。

雖然我有 YouTube 頻道和 Instagram，但我還是不喜歡看到酸民的留言。儘管如此，這些留言還是能提醒我：別把時間浪費在酸民身上，重要的時光，就留給能讓自己感覺舒坦放鬆的人吧。

接下來這段話要獻給我的母親。

當我說要寫這本書時，想必你心裡很不好受；而當我告訴你這本書實際上的內容時，你哭了對吧？讓媽媽這麼難過，我真的很抱歉。

但我並不是想讓你傷心，也不是為了要你道歉，更不是想讓你反省。雖然有很辛苦的時候，但我真心慶幸自己能當你的女兒。

只是，還有很多孩子跟我小時候一樣，覺得活著是件很痛苦的事，而且就這麼懷抱著痛苦長大成人。

這分痛苦在我成為精神科醫師、每天面對病患與我自己的過程中（自認為）消散了許多，但我的病患中，仍有人日日艱苦掙扎，甚至因此選擇自絕性命。

我想成為這些人的希望之光，就算很微弱也沒關係；我想讓更多孩子不再覺得活著很痛苦、有勇氣繼續活下去，所以才寫了這本書。感謝你願意接納我這個任性的小女兒想出這本書的心願。

我在三十多歲決定離婚時，還沒有做好獨自撫養孩子的心理準備，於是打電話給大學時代的姊妹淘。

我告訴她：「我要離婚了，只是『單親媽媽獨力撫養孩子』這種事，還是會讓人有罪惡感又不安……」

結果她回我：「蛤？你是在怕什麼啦？你的孩子怎麼可能會長歪？拿出你的本色，做就對了。單親還是雙親根本沒差。」

雖然這種話自己來說很難為情，但我從學生時代起就是典型的人見人愛，一路上得到很多人的寵愛與關懷。我認為自己能得到這麼多愛護，多虧了母親以豐沛的愛養育我；因為有這分愛，我才會想從事「把愛散播給更多為了活著而痛苦的人」的工作，也才會認為精神科醫師是我的天職。

感謝日本實業出版社的總編輯川上聰先生，打從一開始就全力支持我寫出這本以「親子關係」為主題的書。本書的責任編輯真田晴美小姐也以一位母親的身分，協助我完成這本書。這兩位總是平和溫柔地守在我身邊，讓我備感安心。

我也在寫作過程中回顧自己的人生，並透過文字獲得了許多領悟。儘管對書籍出版一無所知，但讓我明白出版有多美妙的 BOOK Quality 高橋朋宏先生、平城好誠先生及全體同仁，誠摯感謝大家給我這個無名小卒出書的機會。

最後，我希望這本書能幫助更多父母，成為讓孩子安心的存在，讓更多孩子願意活下去。

Eurasian Publishing Group
圓神出版事業機構
用心與你對話．視野無限寬廣
究竟出版社
Athena Press

www.booklife.com.tw reader@mail.eurasian.com.tw

第一本 128

父母不焦慮，孩子好教養

醫師媽媽教你穩住自己，讀懂孩子的眞心話

作　　者／Sawa醫師
譯　　者／陳聖怡
發 行 人／簡志忠
出 版 者／究竟出版社股份有限公司
地　　址／臺北市南京東路四段50號6樓之1
電　　話／（02）2579-6600．2579-8800．2570-3939
傳　　真／（02）2579-0338．2577-3220．2570-3636
副 社 長／陳秋月
副總編輯／賴良珠
責任編輯／林雅萩
校　　對／林雅萩．歐玟秀
美術編輯／林雅錚
行銷企畫／陳禹伶．鄭曉薇
印務統籌／劉鳳剛．高榮祥
監　　印／高榮祥
排　　版／莊寶鈴
經 銷 商／叩應股份有限公司
郵撥帳號／18707239
法律顧問／圓神出版事業機構法律顧問　蕭雄淋律師
印　　刷／祥峰印刷廠
2025年4月　初版

KODOMO GA HONTO NI OMOTTEIRUKOTO
by Seishinkai Sawa

定價 330 元　ISBN 978-986-137-477-2

父母的職責不是讓孩子離開「學習」區間，
直接抵達「知道」終點……
而是幫孩子學會待在「學習」區間，忍受「還不知道」這件事。
即便從成人的角度看起來很簡單，
我們也不能幫孩子解決問題，輕蔑他們的掙扎，
或是對他們的奮鬥失去耐心，我們得讓孩子自己來。
當他們能在學習區間待越久，他們就會越有好奇心和創造力，
既能懂得努力，也懂得實行各式各樣的想法。

——貝琪．甘迺迪博士，《Good Inside教養逆思維》

國家圖書館出版品預行編目資料

父母不焦慮，孩子好教養：醫師媽媽教你穩住自己，讀懂孩子的真心話／
Sawa醫師 著；陳聖怡 譯
-- 初版 -- 臺北市：究竟出版社股份有限公司，2025.04
256 面；14.8×20.8公分 --（第一本：128）
譯自：子どもが本 に思っていること
ISBN 978-986-137-477-2（平裝）
1. CST：親職教育　2. CST：子女教育　3. CST：親子關係
4. CST：兒童心理學
528.2　　114001803